서울대 MBA에서
가르치는 경영 이야기

재무관리 마스터하기

서울대 MBA에서 가르치는 경영 이야기

재무관리 마스터하기

세상에서 가장 쉽게 배우는 재무의사결정

초판 1쇄 발행 2008년 7월 20일
개정판 1쇄 발행 2025년 6월 30일

지은이 채준

펴낸곳 서울대학교출판문화원
주소 08826 서울 관악구 관악로 1
도서주문 02-889-4424, 02-880-7995
홈페이지 www.snupress.com
페이스북 @snupress1947
인스타그램 @snupress
이메일 snubook@snu.ac.kr
출판등록 제15-3호

ISBN 978-89-521-3955-9 04320
978-89-521-3933-7 (세트)

서울대 MBA에서
가르치는
경영 이야기

재무관리 마스터하기

세상에서 가장 쉽게 배우는 재무의사결정

채준 지음

서울대학교출판문화원

발간사

경영학은 기업에서 일하는 사람에게만 필요하다는 오해가 있습니다. 하지만 현대 사회에서 경영학은 모든 사람이 알아야 할 상식입니다. 경영학을 공부하면 자영업을 비롯한 사업에 도움이 되는 것은 물론, 자신이 속한 조직에서 일을 더 잘할 수 있는 자양분이 됩니다. 외부 환경의 기회와 위협, 자신의 강점과 약점을 분석해서 전략을 수립하고 그것을 효율적으로 실행할 수 있는 방법은 무엇인지 더 잘 판단할 수 있기 때문입니다.

경영학은 재산을 관리하는 데도 활용됩니다. 퇴직연금은 어떻게 관리해야 하는지, 월세와 전세 중에서 어떤 것이 더 좋은지, 빚을 내서 집을 사야 할지에 대한 판단을 내릴 때 도움을 줍니다. 주식 투자를 할 때도 물론입니다. 재무제표를 해석하고, 어떤 기업이 성장해 더 큰 수익을 낼 수 있는지를 분석하는 데 도움을 주기 때문입니다.

경영학은 우리가 의미 있는 삶을 사는 데도 도움이 됩니다. 우리가 이루고자 하는 사명을 추구하면서 동시에 건강을 챙기고 화목한 가정을 이루기 위해 우리가 가진 시간과 관심을 어디에 얼마만큼 투자할 것인지를 결정하는 데 도움을 줄 수 있습니다.

그런데 일반인이 경영학을 공부하기가 쉽지는 않습니다. 대학 교재로 나온 두꺼운 책들은 경영학 전공 학생들을 독자로 상정하고 만든 것이기 때문입니다. 이번 시리즈는 일반인이 경영학의 핵심 내용을 쉽게 파악할 수 있도록 하기 위해 기획했습니다. 고등학교를 졸업한 사람이라면 스스로 읽어 쉽게 이해할 수 있고, 짧은 시간에 핵심을 파악할 수 있도록 핵심 위주의 적은 분량으로 책을 만들었습니다.

이 시리즈를 출간하는 과정에서 많은 분들이 도움을 주셨습니다. 특히 교육과 연구로 매우 바쁘신 중에도 시리즈의 기획 취지에 공감하여 작업에 동참해 주신 여덟 분의 교수님께 진심으로 감사드립니다.

서울대학교출판문화원 대표이사 원장

이경묵

머리말

2008년에 처음 이 책을 쓴 이후 연구, 강의, 행정 등으로 바쁘게 지내다 보니 개정판을 못 내었습니다. 하지만, 이 모든 일은 결국 게으름을 이기지 못한 저의 태만함의 결과라고 생각합니다.

그러다 보니, 재무관리의 큰 줄기와 같은 이론은 변화가 없었지만, 이를 설명하기 위한 사례는 오늘날의 현실에서는 벗어난 경우가 있었습니다. 이번에 개정판을 만들면서 가장 신경을 쓴 점이 가능하면 2025년 현재의 사례로 이론을 설명하려 하였습니다. 또한, 저 역시 소장파 교수에서 원로의 문턱에 들어서는 교수가 됨에 따라 보다 많은 경험을 할 수 있었고, 이를 토대로 독자들이 보다 쉽게 이해하는 글을 쓰고자 노력하였습니다.

이 책의 목적은 재무관리를 수강하지 않은 일반 직장인들이 어렵게만 느껴지는 재무관리의 공부를 보다 손쉽게 시작하게끔 하는 것입니다. 이러한 야심찬 목적은 물론 쉽게 달성될 수 없는 것이라는 것을 저자도 잘 알고 있으며, 이 책이 그 목적을 온전히 달성하지 못했다는 것도 알고 있습니다. 하지만, 우리나라의 모든 직장인들이 기업경영의 중요한 의사결정인 재무의사결정의 기초를 이 책을 통해 작은 부분이라도 맛볼 수 있다면 저자가 이 책을 쓴 목적을 달성했다고 스스로 생각하고 싶습니다.

다음으로는 이 책의 개정판을 내는 데 도움을 주신 분들께 감사를 표하고 싶습니다. 초판 발행 이후 개정판을 생각만 했지 실천에 옮기지 못한 저자를 다그쳐 개정판 발행을 독려해 주신 서울대학교 경영대학 동료 교수이자 서울대학교 출판문화원장이신 이경묵 교수님께 감사합니다. 또, 저자가 이 개정판을 내기 위한 각종 자료의 수집 및 퇴고를 하는 데 큰 도움을 준 박사과정 최문박 군, 최지원 양, 석사과정 조교 김윤지 양과 이규민 군에게도 큰 감사를 표하고 싶습니다. 물론 10여 년 전에 저자와 초판을 처음 쓰는 데 도움을 주신 오정석 사장님과 직원 여러분, 이우민 김창헌 조교, 정현미 작가에게도 다시 한번 감사의 인사를 드립니다.

2025년 1월 5일

흰 눈이 쌓여 있는 관악산을 바라보며

차례

프롤로그

새로운 시작을 예고하는 단서

밤공기가 제법 따뜻해졌다. 허전했던 나무들마다 푸른 잎들이 하나 둘 돋아나더니, 여름이 오는 것을 알리듯 어느새 나무가 푸르름을 더해 가고 있다.

'본격적인 소비가 시작되는 여름철, 뭔가 새로 시작하기엔 딱 좋은 시기인데…. 뭐 괜찮은 게 없을까?'

플라타너스 아래 작은 벤치에 앉아 있는 한 남자. 무엇을 생각하는지 아메리카노 한 잔을 들고 벌써 두 시간이 넘도록 부동자세다. 지나가는 사람들도 벌써 여러 차례 바뀌고, 11시를 넘은 늦은 시간이라 이제 지나가는 사람조차 드문드문하다.

벤치에 앉아 있는 이 남자의 이름은 강인한. 작년에 공과대학으로 유명한 한국대학 산업공학과를 졸업하고, 벌써 2년째 백수 생활을 하고 있다. 집에서는 대학원이라도 가라고 했지만, '반드시 사업을 해서 성공할 것이다'라고 마음먹은 인한은 고집을 부리며 오직 사업 아이템을 물색하는 데만 끊임없이 몰두하고 있다.

인한은 학창 시절부터 뛰어난 성적과 창의적인 아이디어로 주목 받는 학생이었다. 수업 시간마다 독창적인 발상으로 친구들과 교수님들을 놀라게 하며 부러움의 대상이 되곤 했다. 졸업을 앞두고 학교에 남으라는 교수님의 권유가 있었지만, 그는 역시 자신의 고집을 꺾지 않았다. 그렇다고 사실 아무 곳에도 입사 원서를 넣지 않았던 것은 아니었다. 자신의 꿈을 이루기 위해 회사 생활도 필요하다고 생각한 그는 몇몇 기업에 입사 지원서를 제출했다. 하지만 결과는 다양했다. 어떤 곳에서는 합격 통보를 받지 못했지만, 또 어떤 곳에서는 합격했음에도 스스로 그 길을 포기했다.

이런저런 생각에 잠겨 있던 인한은 다 마신 아아 종이컵을 휴지통에 넣었다. 트레이닝복 차림에 벌써 3개월째 손대지 않은 머리, 그 모습만 보면 영락없이 능력 없는 백수지만 1년이라는 시간(놀고먹는) 동안 아예 아무것도 하지 않은 것은 아니다. 나름 차곡차곡 '준비'를 해왔다. 신문이며, 잡지며, 영양가 있는 TV 프로그램이며, 어느 것 하나 놓치지 않고 관심을 가지고 보아 왔던 것이다.

요즘 트렌드와 시장 상황을 분석하며, 새롭게 시작했을 때 '대박'을 터뜨릴 만한 아이템을 고민해 왔다. 이러한 과정에서 얻은 것도 많았지만, 정작 '이거다!' 싶은 확신을 주는 아이디어는 여전히 찾지 못했다. 집에서는 "제발 뭐라도 좀 해라"라는 잔소리가 이어졌지만, 그런 말도 자연스럽게 무시하게 된 지도 오래였다. '조금만 더, 조금만 더 기다려 보자. 나는 나를 믿는다….' 이렇게 생각하면서 하루, 하루, 또 하루가 지나 오늘에 이르렀다.

"휴…."

인한은 한숨을 내쉬며 자리에서 일어섰다. 누군가 두고 간 신문이 보인다. 휴지통에 집어넣으려다 뭐 새로운 내용이라도 있나, 보려고 슬쩍슬쩍 넘겨 본다. 그 순간, 눈길을 끄는 큼지막한 글씨에 손이 멈췄다.

"이건… 뭐지?"

기사에는 단 한 문장, "운전자 없이 이동하는 택시, 웨이모"라고 적혀 있었다. 뭔가 호기심을 자극하는 그 문구가 이상하게 마음을 흔들었다.

'운전자 없는 택시라고? 대체 뭐지?'

인한은 호기심을 참지 못하고 신문을 빠르게 읽어 내려갔다. 자세히 보니, 기사 내용은 미국에서 이제 막 시작한 무인운전 택시에 대한 이야기였다. 최근 개발된 자율주행 시스템을 사용하여, 운전자 없이 운행되는 택시를 소개하는 내용이었다. 현재 유학생들은 물론 미국 현지인들도 아무런 불편과 두려움 없이 운전자 없는 택시를 탄다고…. 생각만 해도 흥미로운 발상이었다. 우리나라야 기껏해야 스마트 크루즈를 사용해도 운전자가 반드시 있어야 하는데, 그런 번거로움을 모두 없애고 아주 편안하게 무인 택시를 탈 수 있다니. 이보다 좋을 수가 있을까? 물론 어떤 방식으로 운영되고, 어떻게 홍보가 되어야 효율적으로 이윤을 남길 수 있는지에 대해서는 좀 더 구체적으로 알아봐야 할 일이었지만, 이미 미국에서 시행되어 큰 인기를 끌고 있고 업체들도 하나둘씩 늘어나고 있는 추세라고 하니 한국에서도 한번 벤치마킹할 만한 아이템이 아닌가.

"그래, 바로 이거야!"

인한은 눈이 번쩍 뜨였다. 신문을 움켜 들고 바로 집으로 내달렸다. 웨이모에 대해 알아보고, 어떻게 사업으로 구체화시킬 수 있는지 알아볼 생각에 벌써부터 가슴이 두근거리기 시작했다.

1 부푼 꿈을 안고 사업에 도전하다

요즘 너도나도 사업한다고 뛰어들지만, 그중에는
재무에 대한 단순한 원리마저 모르고 시작하는 사람들이 너무나 많아.
그래서 결국 다른 사람들에게 의존하게 되거나,
아니면 그냥 모른 채 무턱대고 사업을 시작하지만,
그러다 보면 결국 아랫사람들에게 망신을 당하거나
사업에 실패하는 일이 생기고 말지.
그런 CEO는 되지 않길 바란다. 알았지?

1강

과연 이것이 돈이 되는 사업일까?

NPV란 뭘까?

아이디어는 좋은데…

웨이모에 대한 정보가 담긴 신문을 들고 집으로 잽싸게 뛰어 들어온 인한은 인터넷이며 그 외 다른 자료들을 샅샅이 뒤지기 시작했다. 구체적으로 웨이모가 어떤 것인지에 대해 조사하기 위해서였다. 밤을 꼬박 새우다시피 하며 자료들을 찾은 인한은, 뭔가 가슴이 벅차올랐지만 한편으로는 작은 근심에 휩싸였다.

'일단 아이디어는 좋아. 이제 한국 자동차의 자율주행 수준도 높아졌고…. 이제 곧 여름이라 휴가를 한국에서 보내기 위해 방문하는 외국인들도 훨씬 많아질 테고. 굳이 의사소통이 안 되는 운전자가 운행하는 택시보다 무인 택시 시스템을 도입한다면 그것도 참 좋은 방법일 텐데. 홍보만 잘한다면 정말 대박이 날 수 있을 것 같아. 하지만….'

인한의 걱정은 이런 것이었다. 아무리 좋은 아이디어가 있고, 그

동안 차곡차곡 사업에 대한 지식을 쌓아 오기는 했지만, 막상 사업을 시작하려고 하니 어디서부터 어떻게 시작해야 할지가 막막한 것이다. 경영학을 전공한 것도 아니고, 재무 쪽으로는 체계적인 지식을 갖고 있지 않은 터라, 이것이 정말 수치상으로도 확실히 이윤을 볼 수 있는 아이템인지, 이윤을 볼 수 있다면 그 시점은 언제부터인지, 또 어떤 식으로 창업을 해야 하는지에 대한 정보가 하나도 없었다.

'어떻게 하면 좋을까?'

고민을 하고 있는데, 인한에게 문득 떠오르는 사람이 있었다. 고등학교 때 아주 절친한 사이로 지내면서, 함께 스터디 그룹을 하기도 했던 '병구'라는 친구로, 한국대학 경영학과를 나온 수재였다.

'그래, 그 녀석에게 물어보면 되겠구나!'

마침 근처에서 볼일을 보고 있다는 병구와 통화를 마치고, 1시간 후쯤 만나기로 약속을 했다.

"야! 이게 얼마 만이야! 지난겨울에 유미 결혼식 때 보고 처음이니까 벌써 6개월 만이지? 잘 지냈어?"

"그럼. 어째 강인한 넌 하나도 변한 게 없냐. 그래, 취업은 했고?"

"아니, 취업은 무슨. 난 오직 한길만 보고 있잖아."

"자식, 요즘 어지간한 아이템 아니고서는 사업해서 성공하기 힘들어. 물론 널 무시하는 게 아니라, 우선 취업을 하고 나서 천천히 생각해 보는 것도 나쁘지 않다 이말이지."

"그래, 네 생각은 충분히 알겠어. 근데 이거 어쩌지? 내가 오늘

대박 아이템을 하나 물고 왔는데?”

“대박 아이템?”

인한은 김이 모락모락 올라오는 커피를 단숨에 들이키고는, 기다렸다는 듯 웨이모에 대한 설명을 늘어놓았다. 스크랩해 온 기사와 관련 자료들을 보여 주면서, 어떻게 하면 이 아이템을 성공적으로 한국에 도입할 수 있을까에 대해 의견을 구했다.

“음….”

기사를 읽은 병구는 손을 턱에 괴고 고개를 끄덕인다.

“어때, 어때? 괜찮지 않아?”

“그래…. 나쁘지 않은 것 같아. 나도 유학 다녀온 애들한테 웨이모에 대해선 이야기 많이 들었지. 샌프란시스코에서 아주 대중적으로 활용한다고. 말이 서툰 외국 관광객은 물론 지역 주민도 불필요한 대화를 싫어하는 사람이라면 혼자서 택시를 이용할 수 있으니 충분히 매력이 있는 사업이긴 해. 우선 이 사업 계획의 순현가(NPV)를 구해 봐야 할 것 같은데?”

“순현가? 그게 뭐야?”

“아마 들어본 적은 있을 텐데… 하지만 구체적으로는 모르는 것 같으니까 내가 간단하게 설명해 줄게. 그렇다면 그 전에 먼저 미래가치(FV)와 현재가치(PV)의 개념부터 알아야겠는걸?”

현재가치와 미래가치

"먼저 FV에 대해 간단하게 설명해줄게. FV라는 건 Future Value, 즉 '미래가치'의 줄임말이야. 현재의 일정 금액을 미래 특정 시점의 가치로 환산한 금액이라고 할 수 있지."

FV = 미래가치 Future Value

"음… 잘 이해가 안 되는데?"

"그러니까 만약 오늘 네가 은행에 100만 원을 예금했다고 치자. 그러면 1년 후에는 얼마를 받을 수 있을까? 이런 질문에서 얻어지는 답이라고 할 수 있지."

"아… 그러니까 만약 이자율이 10%라면, 이자 10만 원을 합해서 110만 원을 받게 된다, 이거란 말이지?"

"맞아. 그렇다면 2년 후에는…"

"응, 120만 원이 되겠지?"

"그렇지. 그런 식으로 이자를 계산하는 방법을 '단리Simple Interest Rate'라고 해. 즉 이자율을 원금에만 곱해서 계산하는 거야. 단리로 계산했을 때 2년 후의 100만 원의 미래가치는 120만 원이 되겠지. 마찬가지로 5년 후면 150만 원이 될 테고."

"응응, 알겠어. 금방 이해가 되네."

"그런데 단리는 계산하기는 편리하지만 잘 이용하지는 않아."

"그래? 그럼 단리 말고 다른 방법도 있어?"

"응, 그렇지."

인한은 좀 더 바짝 귀를 기울인다. '이거, 장난이 아닌데?' 하는 생각도 들지만, 며칠에 걸쳐서라도 우선 정확하게 첫 출발을 해야겠다는 생각이 강하게 든다. 병구에게 한잔 톡톡히 사겠다고 약속을 하고 설명을 계속 듣는다.

"보통 이자를 계산할 때는 주로 '복리Compouding Interest Rate'를 이용해. 복리는 이자가 발생하면 그것이 재투자되어 이자에 대한 이자가 반복해 발생하는 것을 의미하지. 그러니까 100만 원을 10% 복리로 2년간 예금하면, 1년 후에는 10만 원의 이자를 더해 110만 원이 되는 거고, 다시 1년 후에 발생하는 이자는 110만 원에 10%를 곱해 11만 원의 이자가 더 붙는 거지. 그러니까 2년 후에는 110만 원에 이자 11만 원을 더해서 121만 원이 되는 거야."

"아… 그런 의미구나. 저축을 해봤어야 말이지. 하하. 어쨌든 해마다 받는 이자를 다시 원금에 더해 이자를 받는다는 말이지? 그러니까 5년 후에는 161만 원이 되겠구나. 아이구, 머리 아프다."

"그렇게 일일이 생각하려니까 머리가 복잡해지지? 공식을 이용하면 아주 쉽게 계산할 수 있어."

병구는 테이블 위에 있는 메모지에다 공식을 써 내려갔다.

$$FV = PV \times (1+r)^t$$

FV: 미래가치
PV: 현재가치
r: 기간 당 이자율(소수)
t: 기간의 수

"여기서 $(1+r)^t$를 '미래가치이자요소'라고 해. 줄여서 FVIF라고도 하고."

"FVIF… 그러니까 Future Value Interest Factor의 줄임말인가?"

"그렇지."

"그렇구나. 그럼 이 공식에 대입하면 쉽게 구할 수 있겠네. 이제 조금 이해가 된다. 그런데 단리와 복리로 계산할 때 각각 차이가 많이 나니? 아까 2년 후 미래가치를 계산했을 때는 1만 원밖에 차이가 안 났던 것 같은데?"

"기간이 짧으면 그럴 수 있지. 하지만 기간이 길어지면 그 차이만큼 커지는 것이 복리야. 예를 들어 볼까?"

병구는 메모지에다 1,000만 원을 5년간 연 5%의 이자율로 투자했을 때를 예로 들어 계산을 해나갔다.

1,000만 원을 투자했을 경우
연 5%의 이자율

단리: 1,000만 원+5×(1,000만 원×0.05) = 12,500,000원
복리: 1,000만 원×$(1+0.05)^5$ = 12,762,816원

"와우, 그럼 복리가 262,816원이나 더 많은 거네?"

"그렇지. 그러니까 복리로 계산했을 때의 미래가치가 단리일 때보다 262,816원만큼 더 많은 거지. 원금이 커질수록, 또 기간이 길어질수록 그 차이는 더 커지게 될 거야."

"결코 무시할 만한 수치가 아니구나. 얼핏 봤을 때는 별 차이 있을까 했는데 계산을 해보니까 확실히 알겠어."

"자, 지금까지 미래가치에 대해 알아봤으니까 이제 현재가치에 대해 알아볼까?"

"그래, 그러자. 근데 아직도 뭐가 많이 남은 거야?"

"이그… 설마 벌써 지루한 건 아니지? 이제 시작이라고 생각하면 돼. 너도 어느 정도 짐작하고 있겠지만, 시작이 중요하니까 작은 것부터 하나하나 익혀 둘 생각해. 그래야 훌륭한 CEO가 되지."

"아아, 지루해서가 아니라…."

"물론 나중에 네가 본격적으로 경영을 하게 되면, 재무에 관한 것들은 CFO에게 맡겨야겠지만, 그 전에 네가 먼저 경영 전반에 대한 모든 걸 꿰고 있어야 해. 요즘 너도나도 사업한다고 뛰어들지만, 그 중에는 재무에 대한 이런 단순한 원리마저 모르고 시작하는 사람들이 너무나 많아. 그래서 결국 재무의 중요한 부분들까지 다른 사람들에게 의존하게 되거나, 아니면 그냥 모른 채 무턱대고 사업을 시작하지만, 그러다 보면 결국 아랫사람들에게 망신을 당하거나 사업에 실패하는 일이 생기고 말지. 그런 CEO는 되지 않길 바란다. 알았지?"

"그래, 그래. 나도 각오하고 왔어. 오히려 네가 귀찮지나 않을까 걱정이다, 야. 얼른 계속해 봐. 현재가치? 그거."

"그래. 현재가치, 그러니까 Present Value를 의미하는 거야. 간단히 PV라고도 하지. 현재가치는 미래가치와는 반대로, 미래에 발생하게 될 현금흐름을 현재 시점의 가치로 환산한 금액이라고 할 수 있어. 이를테면, 1년 후에 네가 얻게 될 100만 원이라는 돈이 오늘이 시점에서는 얼마만큼의 가치일까? 이런 문제라고 할 수 있지."

"당연히 1년 후의 100만 원보다는 지금의 100만 원의 가치가 더 크겠지? 따라서 지금의 100만 원을 1년 후의 100만 원보다 우리가 더 좋아하는 거고."

"그렇지. 그래서 경제학에서는 그런 가정을 하지. 좋은 것은 많으면 많을수록 좋다."

"하하, 당연하지. 뭐든 많으면 많을수록 좋은 거 아니야?"

"글쎄, 난 여자친구는 한 명이면 충분한데?"

"뭐? 하하하, 이런. 계속해 봐."

"어쨌든 그러한 가정 때문에, 모든 사람이 내일의 1원보다는 오늘의 1원을 더 좋아하게 돼. 오늘 1원을 은행에 예금하거나, 확실한 이익을 가져다줄 사업에 투자할 경우, 내일에는 1원보다 더 큰 금액을 얻을 수 있잖아. 그래서 내일의 1원보다 오늘의 1원이 더 큰 가치를 지니게 되는 거지. 이것을 '재무관리의 제1원리'라고도 해."

"음… 그렇구나. 그러면 현재가치를 구하는 것도 공식 같은 게 있니?"

"물론 있지. 아까 미래가치를 구하는 공식 기억하지?"

"응. $FV = PV \times (1+r)^t$ 맞지?"

"맞아. 그걸 조금만 변형하면 현재가치도 쉽게 구할 수 있어. 자, 이렇게 되는 거지."

병구는 다시 메모지에다 현재가치를 구하는 공식을 써 내려갔다.

$PV = FV/(1+r)^t$

FV: 미래가치
PV: 현재가치
r: 기간 당 할인율
t: 기간의 수

병구가 써 내려가는 것을 보고 인한은 말을 이어 나갔다.

"어랏? 그러고 보니 아주 쉽네?"

"그래, 어렵지 않아. 보통 '가치'에 대해 논할 때는 특별이 '미래가치'라고 지칭하지 않는 한 현재가치라고 생각하면 돼. 만약 네가 1년 뒤에 새 차를 사려 한다고 치자. 그래서 너에게 3,000만 원이 필요해. 그렇다면 만약 1년에 10%씩 매년 투자액을 벌어들일 수 있다면 올해 얼마를 투자하면 될까?"

"음… 공식에 대입해보면 되겠네. $PV = FV/(1+r)^t$니까 $30,000,000/(1.1)^1$ 해서 27,272,727원을 투자하면 되는 거 아니야?"

"그렇지! 그렇다면 2년 뒤에 새 차를 산다면?"

"그렇다면 $30,000,000/(1.1)^2$해서 24,793,388원이 되겠고."

"맞아. 방금 우리가 계산한 것처럼 이자율 또는 할인율이 일정하게 정해져 있을 경우에는, 기간이 길어질수록 현재가치가 점점 작아지게 되는 거지. 여기서 돈이 현재에서 미래로 갈 때는 이자율, 미래에서 현재로 올 때는 할인율이란 것도 알겠지?"

"말이 되네… 이자율 할인율… 그리고, 현재가치 공식을 보면 기간의 수는 분모 쪽에 있잖아. 그러니까 기간이 길어질수록 전체 값이 작아지겠지."

"바로 그거야! 어때, 이해가 좀 되니?"

"응. 확실히 알 것 같아."

"좋아! 그렇다면 이제 오늘 날 찾아온 목적을 달성해야 할 때가 왔구나."

"오, 그렇지. 돈이 되는 사업인가? 아닌가? 그거 말이지."

"그래. Net Present Value, 즉 '순현가'라고 하는 NPV를 구해 보면 알 수 있어. 공식은 다음과 같아."

NPV = 투자안의 현가 - 투자비용

"투자안의 현가에서 투자비용을 빼면 구할 수 있어."

"그럼 순현가가 (+)가 나오면 투자를 해도 되고, (-)가 나오면 투자를 하면 안 되겠네?"

"그렇지, 그렇지! 만약 투자안의 현가가 91만 원이고 투자비용이 70만 원이라면 NPV는 21만 원이 되겠지만, 투자비용이 100만원이라면 NPV가 -9만 원이 되기 때문에 적자가 되는 거야. 투자를 하면 안 되는 거지.”

“아, 그래서 현재가치 개념을 이해할 필요가 있었군. 그럼 내 사업은 어떻게 되는 거야?”

“그래, 이제 그걸 한번 구해 볼까? 우선 투자안의 현가를 구하려면 매해 예상되는 현금흐름Cash Flow을 기초로 계산을 해야 할 것 같은데, 뭔가 예상되는 현금흐름을 가지고 있니?”

“엥? 전혀. 아직 생각도 못 했지.”

“그럼 어차피 오늘 하루만으로는 다 알 수가 없으니까, 나머지는 이번 주 토요일에 만나서 다시 이야기하자. 그전까지 좀 더 조사를 해오도록 해.”

“그래그래, 야 너 입 아프겠다. 우리 어디 가서 시~원한 맥주 한 잔 이때?”

“아, 좋지! 내가 그거 하나 믿고 이렇게 떠들었는데 말야.”

“좋아, 얼른 가자. 내가 크게 한 턱 쏘지요, 선생님!”

인한은 병구의 어깨에 손을 두르고 웃으면서 커피숍을 나선다. 아직 갈 길은 멀었지만, 병구처럼 든든한 친구가 옆에 있으니 왠지 마음이 놓인다. 뭔가 벌써부터 잘될 것만 같은 좋은 예감. 인한은 오늘 병구가 적어준 메모지들을 꼼꼼하게 챙기고, 집에 가서 한 번 더 정리를 해야겠다고 다짐했다. 그 전에 시원한 맥주부터 한잔!

이제 NPV를 구해 볼까?

친구 병구를 통해 여러 가지 많은 정보를 얻은 인한은 뿌듯했다. 역시 친구가 좋구나…. 그리고 무엇보다 사업에 대한 구체적인 조언을 구할 수 있는 든든한 사람이 곁에 있다는 게 얼마나 힘이 되는지 몰랐다. 사실 무턱대고 사업에 뛰어들겠다고 호언장담하긴 했지만, 그동안 혼자서 쌓아 온 실력과 정보로는 실제로 사업을 일으키기엔 역부족이었다. 그래서 무엇보다 주변 사람들의 도움이 많이 필요했다. '사업 그까짓 거 뭐…' 하면서 우습게 생각했다간 투자한 자본금을 건지기는커녕 큰 빚만 지고 끝내는 사람을 너무 많이 보아 왔기 때문에, 인한은 그 어느 때보다도 신중에 신중을 기해야 할 때였다.

'매력적인 아이템인 건 분명하지만, 일단 수치로 정확하게 따져 볼 필요가 있어. 그래서 만약 이윤이 남을 만한 사업이라면, 밀어붙이는 거지. 아… 이제 나도 뭔가를 보여 줘야 할 때가 왔구나!'

앞으로 벌어질 사업에 대한 거창한 계획들을 머릿속에 그리고 있을 때, 전화가 걸려 왔다.

"어, 병구구나. 일은 끝났니?"

"그럼. 너랑 못다 한 이야기를 마저 하려면 빨리 끝내야지."

"자식, 진짜 고맙다. 내가 이 은혜를 어찌 다 갚으랴. 사업만 대박 나면…."

"이그… 그런 소리는 그만하고, 오늘은 어디에서 볼까?"

"음… 우리 집으로 오는 건 어때? 어차피 집에 아무도 없고, 편하게 이야기할 수 있을 거야."

"그러자. 내가 지금 바로 그리로 갈게. 차로 갈 거니까 30분이면 갈 거야."

"그래, 기다리고 있을게. 얼른 와."

초인종 소리가 울리고 병구가 들어오자, 인한은 반갑게 병구를 맞았다. 이마에 땀이 살짝 맺혀 있는 병구에게 시원한 음료수를 건네자, 병구가 웃으면서 받아 든다.

"이제 곧 여름이야. 네 말대로 휴가철에다, 이래저래 관광객들도 많아지는 시즌이지. 이때 이 사업을 시작하는 게 좋지 않겠어? 벌써 내 이마에 땀이 송글송글 맺히는 걸 보니, 금세 무더워질 거야."

"그러게 말야. 그래서 지금 네 도움이 더 절실히 필요한 거야. 자, 오늘은 뭘 배우면 되지?"

"응. 지난번에 내가 이야기했던 거 알아봤니?"

"아, 현금흐름 말하는 거지? 컨설팅 회사에 의뢰해서 내 사업 아이템의 미래의 현금흐름이 어떨지 예측을 해봤지. 근데 지난번에 우리가 계산했던 건 현금흐름이 단 한 번 일어나는 경우였잖아. 그런데 막상 예측된 현금흐름을 보니까 좀 복잡하더라고. 그래서 생각대로 NPV를 계산하기가 쉽지 않았어."

"그렇지? 그럴 때는 각 기마다 나타나는 현금흐름을 직접 그려서 계산하면 돼."

"각 기마다 나타나는 현금흐름?"

"그렇지. 일단 기간이 하나일 때를 생각해 본다면…. 할인율이 10%일 때, 내년에 100만 원을 받고 싶으면 네가 오늘 투자해야 할 금액을 계산해 보는 거야."

"그거라면 간단하지. 1,000,000/1.1 이니까 909,090원 아냐?"

"맞아. 그걸 그림으로 한번 그려 볼까?"

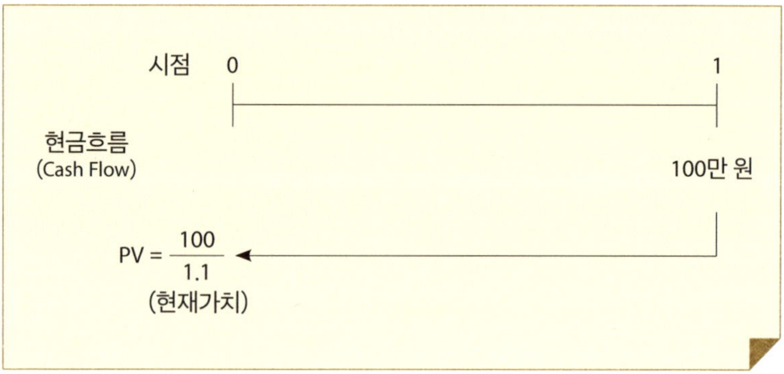

인한은 병구의 그림을 눈으로 따라가 본다. 잘 이해가 되지 않아 고개를 갸웃거리자, 병구가 설명을 덧붙인다.

"자, 수직선 위쪽에 시점 표시가 있지? 보통 시점은 연 단위가 되거나 분기가 될 거야. 그리고 아래쪽에는 각 기에 나타나는 현금흐름의 양을 적어 주는 거지. 그래서 그림을 보면, 만약 1기의 현금흐름의 현재가치를 알고 싶다면, 그 금액을 할인율로 나눈 값, 즉 현재가치를 적어 주면 돼. 이해가 되니?"

"응. 이해가 되네. 근데 기간이 늘어나면 어떻게 되는 거야?"

"기간이 늘어나도 마찬가지야. 3기간 동안 매 기마다 100만 원이 발생한다고 치자. 그럼 세 개의 현재가치가 생겨나겠지? 그걸 다 더하면 되는 거야. 그림으로 그려 볼까?"

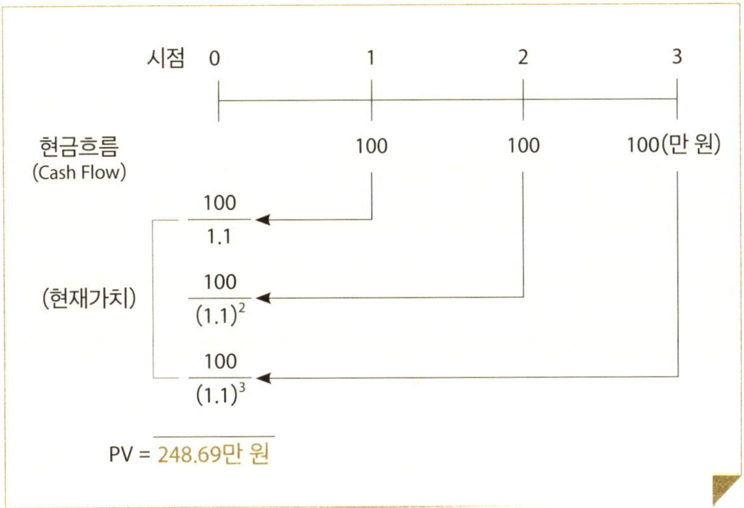

"아, 그럼 2,486,900원이 되는구나. 맞지?"

"응, 맞아. 만약 각 기마다 현금흐름이 다른 경우는 어떻게 될까? 매 기마다 각각 100만 원, 200만 원, 300만 원이 발생하는데 할인율은 똑같이 10%라면?"

"음… 내가 한번 풀어 볼까?"

병구는 메모지에다 문제를 풀어 나갔다.

"음… 그러면 답이 4,815,900원이 나오네. 어때, 맞아?"

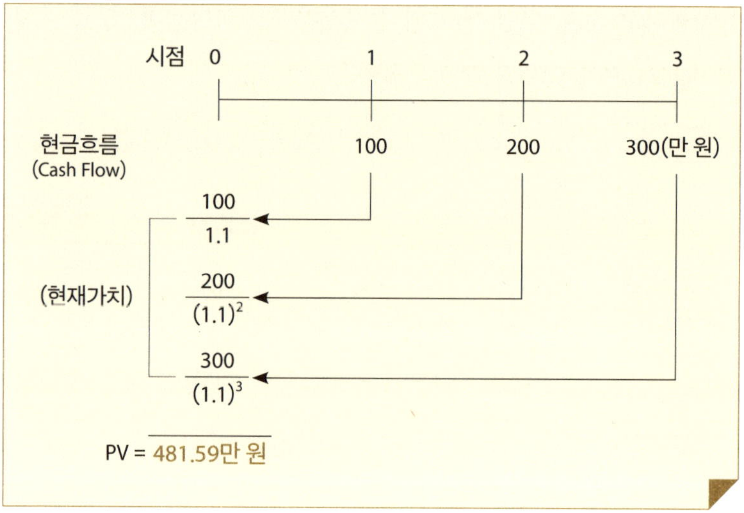

"그렇지. 금세 이해를 하는구나."

"음… 이거, 어떤 공식 같은 게 있지 않아? 내가 보기엔 값이 일정하게 변하는 것 같은데?"

"역시, 빨리 눈치를 챘군. 앞에서 설명했던 걸 가만히 생각해 보면, 현금흐름이 여러 기에 걸쳐 나타날 때는 이런 공식을 통해 구할 수 있다는 걸 알 수 있어."

다기간 현금흐름의 현재가치

$$PV = \frac{C_1}{(1+r)} + \frac{C_2}{(1+r)^2} + \cdots + \frac{C_n}{(1+r)^n}$$

"와… 생각보다는 그렇게 복잡하지 않은 것 같아."

"그래, 아직은 그렇지. 나중엔 좀 골치 아픈 게 나오기도 해. 하지만 차분하게 하나하나 해나가다 보면 지금처럼 쉽게 이해할 수 있을 거야. 자, 그럼 현금흐름에서 현재가치를 구할 수 있으니까, 순현가(NPV)도 쉽게 구할 수 있겠지?"

"지난번에 구한 것과 비슷하지 않아? 이를테면 구해 놓은 현재가치에다 초기 투자비용을 빼는 것 말야."

"맞아, 바로 그거야! 아까 처음에 풀었던 문제로 다시 한번 생각해 볼까? 만약 초기 투자비용이 200만 원이라면…."

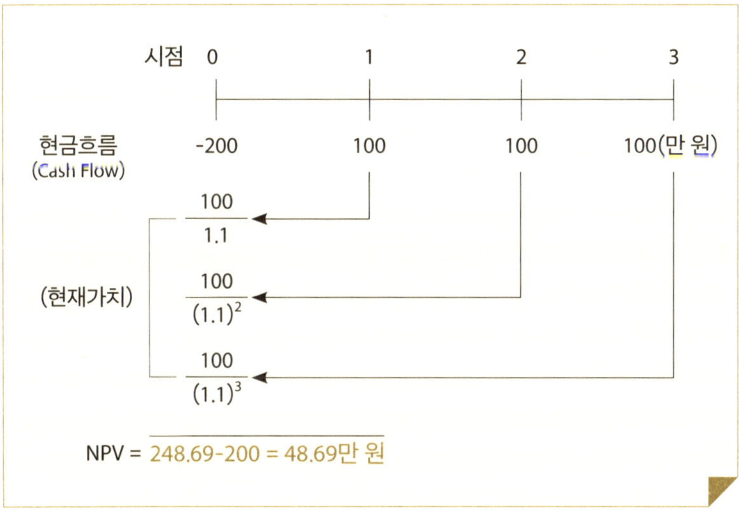

"자, NPV는 이렇게 구할 수 있어. 그러니까 486,900원이 될 거야. 어렵지 않지?"

알아 두기

특수형태의 현금흐름 평가

영구연금Perpetuity

영구연금이란 매 기간 일정금액을 영속적으로 지급하는 현금흐름을 말한다. 영원한 현금흐름이란 말이 비현실적으로 들릴 수 있으나, 영국 정부가 발행했던 'Consol'이라는 만기가 없는 채권Bond이 잘 알려진 예다. 이 채권을 구입하면 원금의 상환 없이 매 기간마다 일정금액의 이자를 영구히 지급받게 된다. 영구연금의 현금흐름 형태는 아래 그림과 같다.

시점	0	1	2	…	2	…
현금흐름		C	C	C	C	…

그리고 영구연금의 현가는 다음과 같이 구할 수 있다.

$$PV = \frac{C}{(1+r)} + \frac{C}{(1+r)^2} + \frac{C_n}{(1+r)^n} + \cdots +$$

위 식의 우변은 등비급수로서 무한히 많은 항을 가지고 있지만, 이들의 합은 다음 공식에 의해 간단히 계산할 수 있다.

$$PV(\text{영구연금}) = \frac{C}{r}$$

"응. 이렇게 해나가니까 훨씬 이해하기가 쉬워. 어젯밤에 재무관리 책을 좀 뒤져 보긴 했는데, 생각보다 무척 어렵게 느껴지더라구."

"그렇지. 그래서 이 명강사가 필요한 거야, 하하. 야, 말을 너무 많이 했더니 피곤한데? 우리 커피나 한잔 마실까?"

"좋지! 기다려, 내가 맛있게 한잔 타올게."

커피를 마시면서 담소를 나누다 시계를 보니 벌써 저녁 7시. 두 사람의 뱃속에서는 벌써 꼬르륵 소리가 난다.

"병구, 오늘은 그만할까? 배에서 난리가 났는데?"

"나도 그러고 싶지만 가장 중요한 게 남았잖아."

"가장 중요한 거?"

"그래… 그새 잊어버린 거야? 지금 우리가 이 공부를 하는 목적! 지금까지 네 사업이 돈이 될지, 안 될지, 그걸 알아보기 위해서 여기까지 왔잖아."

"아, 맞다. 내 정신 좀 봐. 잠시 너한테서 재무관리에 대한 특별과외를 받고 있는 줄로 착각했네. 자자, 그럼 후딱 구해 보자고."

"좋아. 자, 네 사업안의 NPV를 구해야 하는데, 현금흐름이 어떻게 된다고 했지?"

"자, 내가 적어 볼게."

년	0	1	2	3	4
현금흐름	-2,000	400	400	1,200	1,600

할인율은 12% (단위: 만 원)

"응 그렇지. 그러면 이걸 한번 구해 볼까?"

병구는 앞의 공식들에 숫자를 대입해서, 인한이 시작하려는 사업의 현가가 25,469,800원임을 도출해 낸다.

"자, 그다음은 네가 할 수 있겠지?"

"그럼. 여기서 내가 투자하려는 금액 2,000만 원만 빼면 되잖아. 그렇지?"

"그래, 맞아."

"음, 그러면…. 25,469,800원에서 2,000만 원을 빼면 나머지 금액이 5,469,800원 맞나?"

"맞아."

"어랏? 플러스네? 이거 이거 좋은 거지?"

"그렇지! 여태 해놓고도 모르겠어?"

"아니, 당연히 알지. NPV > 0이면 흑자!!! 시작해도 된다는 이야기지, 맞지?"

"물론이지. 자, 이걸로 인한의 사업이 시작되는 거구나!"

"야호! 우와!! 병구야, 정말 고마워. 우리 얼른 저녁 먹으러 가자. 오늘은 내가 거하게 한잔 쏘마."

"이런, 백수가 무슨 돈이 있다구."

"어허, 미래의 CEO를 우습게 보지 말라구!"

"하하하, 그래 어서 나가자!"

인한은 병구와 함께 기쁜 마음으로 옷을 챙겨 입고 저녁을 먹으면서도 머릿속으로는 내내 사업에 대한 생각뿐이었다.

성공을 위한 힘찬 도약

친구 병구의 도움으로, 사업을 시작해도 적자를 보지 않을 수 있다는 결론을 내린 인한은 기쁜 마음을 감출 수가 없었다. 집에서도 계속 들떠 있자, 가족들도 대체 왜 그러냐며 궁금해 했다. 인한은 조금만 기다리면 알게 된다며, 아직은 구체적인 이야기를 꺼내지 않았다.

'아차, 이러고 있을 때가 아니지. 그전에 준비해야 할 게 한두 가지가 아닐 텐데.'

인한은 우선 필요한 자금을 어떻게 마련해야 할지, 또 자신이 가진 아이템을 어떻게 구체적으로 사업화할지에 대해서 고민하기 시작했다. 시중에 나와 있는 '사업의 성공'에 관련된 자기계발서는 이미 닥치는 대로 읽었고, 또 전문서적들도 많이 읽었지만 막상 시작을 하려고 하니 바로 적용이 되질 않는다. '질문을 하면 답이 톡 튀어나오는 요술 기계가 있다면 정말 좋을 텐데…' 하는 터무니없는 생각을 하고 있을 때, 문득 삼촌이 떠올랐다.

삼촌은 외국에서 아이스크림 프랜차이즈를 한국에 도입해 와 벌써 10년째 성공적으로 이끌어 나가고 있는 능력 있는 기업가였다. '삼촌에게 도움을 구한다면 흔쾌히 도와주지 않을까?'

인한은 곧바로 삼촌에게 전화를 걸어 시간을 좀 내달라고 졸랐다. 해외 연수 때문에 너무 바빠서 이번 달에는 힘들겠다고 거절하는 삼촌을 졸라, 이번 주 목요일로 약속을 잡았다. 시간이 없는 만큼 한 번에 많은 정보를 얻어야겠다고 단단히 결심한 인한은, 자신이 궁금해하고 있는 것들을 목록으로 만들어 나갔다.

목요일 아침. 인한은 삼촌의 사무실로 찾아갔다. 반갑게 인한을 맞은 삼촌은, 소파에 앉아서 차분하게 인한의 사업 아이템에 관련된 이야기를 들었다. 그리고 이야기를 듣는 내내 흐뭇하게 고개를 끄덕였다.

"그래, 좋은 아이디어 같구나. 우리나라에는 아직 없는 형태의 사업이니 전망이 좋아 보이는데."

"에이, 삼촌! 기존의 일반 택시들과는 비교도 안 된다고요. 무인 택시는 24시간 운영이 가능할 뿐 아니라, 불필요한 대화가 필요 없고, 온라인으로 쉽게 가입해서 카드만 갖고 있으면 쉽게 결제하고 이동할 수 있지요. 차를 구입하는 것보다 훨씬 효율적일 수 있고 기존의 렌트카보다 더 적은 비용으로 자동차를 이용할 수 있어요."

"그래, 충분히 이해가 가. 이름은 정했니?"

"아니요, 아직요. 핑핑 힘차게 나른다는 의미로 Ping Car로 하면 어떨까 생각 중이에요."

"그래, 그것도 괜찮겠구나. 아이디어는 참 좋은데, 준비해야 할 게 한두 가지가 아니겠는걸? 괜히 어설프게 시작했다간 손해가 만만치 않겠어."

"네, 저도 알고 있어요. 그래서 이렇게 삼촌을 찾아왔잖아요. 바쁘실 텐데 시간 내주셔서 감사해요."

"아니, 아니야. 그래도 조카가 벌써 자라서 이렇게 사업을 한다는데, 같은 사업가로서 도와줘야지."

"네, 일단 병구와 함께 사업안의 NPV를 구해봤더니 플러스(+)가 나와서, 확신을 갖고 밀어붙이기로 했어요."

"그래, 병구 그 녀석 여전히 똘똘하구나, 허허. 중요한 건 병구 녀석에게 들었을 테니, 삼촌이 특별히 알려 줄 것은 없겠고…. 우선 저녁부터 먹고 이야기할까?"

"네, 삼촌!"

재무관리환경은 어떤 요소로 이루어져 있을까?

간단하게 저녁 식사를 마친 인한의 삼촌은, 결국 간단한 생맥주라도 한잔 하자는 인한의 부탁에 못 이기는 척 따라나섰다. 어차피 이야기가 길어질 참이어서 오래 앉아 있기 편안한 곳이 훨씬 나을 것도 같았다. 비싼 수강료를 들여서도 배우지 못할 것들을, 이렇게 한번에 배울 수 있다고 생각하니 선뜻 시간을 내어 준 삼촌에게 너무 감사할 일이었다. 병구도 그렇고, 이렇게 도움을 주는 사람들을 위해서라도 꼭 사업을 성공시켜야겠다는 생각에 주먹이 불끈 쥐어졌다.

삼촌이 스쳐 지나가듯 이야기하긴 했지만, 사업을 하다 보면 정말 힘든 일도 많이 생길 터였다. 모두들 처음 시작할 때는 세상이 다 내것인 양 의기양양하지만 제대로 준비를 하지 못했거나, 혹은 만반의 준비를 했다 해도 문제란 어디서 어떻게 생겨날지 모를 일이기 때문에 항상 긴장을 늦출 수가 없었다. 그런 때를 대비해서라도 삼촌에게 많은 이야기를 듣고, 또 마음의 준비를 해야겠다고 인한은 생각했다.

'오늘 이 시간은 한번 지나가면 다시는 돌아오지 않아!'

인한은 삼촌의 이야기에 귀를 기울였다. 삼촌은 시원하게 생맥주를 한 잔 들이키더니, 인한을 보면서 물었다.

"인한아, 만약 네가 지금 그 사업을 하는 데 50억 원이 필요하다면, 넌 그 돈을 어떻게 마련할 생각이니?"

"50억이요? 헉, 그냥 주변 사람들에게 도움을 요청하기엔 액수가 너무 큰데요? 은행에서 빌려야 하나… 글쎄, 아직 그 생각까지는 못 해봤는데요."

"아직 그런 것에 대해서도 생각을 안 해본 거야? 기업을 설립하려면 기업의 재무활동에 대한 의사결정을 해야겠지? 그러기 위해서는 기업의 재무활동과 연관되어 기업을 둘러싸고 있는 환경에 대해서 반드시 이해하고 있어야 해. 적을 알고 나를 알아야 백전백승이니까. 기업의 재무활동은 크게 '투자'와 '자본조달'로 설명할 수 있어. 성공적인 경영자라면 최소한 이 두 가지 환경 요소에 대해서는 완벽하게 이해하고 있어야 해. 최소한의 비용으로 자금을 조달하여 최대한의 이익을 보장하는 투자를 택하기 위해서는 이 재무환경에 대한 이해가 필수적이지. 기업이 외부로부터 자본조달을 할 때는 보통 채권과 주식을 통해서 직접 조달을 하거나, 금융기관을 통해 간접조달을 하게 된단다. 이러한 자금조달 방법을 이해하기 위해서는 채권이나 주식의 발행, 유통, 상환 등에 대해 명확하게 알고 있어야 해. 또한 금융기관으로부터 차입을 통해 자본을 조달하려고 할 때도, 금융기관의 형태나 종류, 그 운영방법에 대해서 정통할 필요가 있어. 이러한 모든 재무 활동과 연관된 환경을 '재무관리환경'이라고 하지."

"휴… 단어들은 들어 봤지만, 제 사업에 그것들을 직접 적용해야 한다고 생각하니 갑자기 너무 어렵게 느껴지는데요?"

"그럴 수밖에. 하지만 차근차근 알아 나가면 그렇게 힘든 일도 아니야. 방금 내가 재무관리환경에 대해 이야기했지? 재무관리환경을 구성하는 데에는 세 가지 요소가 있어. 우선 이것들을 하나씩 짚어 보기로 하자꾸나."

재무관리환경의 구성요소 1: 증권

"기업은 결국 내부나 외부로부터 자금을 조달하여 이를 실물자산Real Asset(토지, 건물, 기계 등 재화와 용역을 생산하는 데 이용할 수 있는 유형자산과, 재화와 용역의 생산에 동원되는 인적 자원인 지식, 기술, 숙련도 등의 무형자산까지 포함됨)에 투자함으로써 경영을 하게 돼. 특히 주주로부터 내부에서 자금을 조달한다면, 이를 증명하는 증서를 발행해야 하는데 이것이 바로 주식이지. 반면, 외부에서 부채의 형태로 자금을 조달하고 이를 증명하는 증서를 발행한 것을 바로 채권, 다른 말로 회사채라 하는 거야. 이러한 주식과 채권을 통틀어서 '증권'이라고 하고. 이것은 앞에서 말했듯 '재무관리환경의 제1구성요소'가 된단다. 주식과 채권이라는 것은 결국, 이것을 가지고 조달한 자본으로 기업이 투자한 실물자산과 그 실물자산으로부터 생겨나는 미래의 현금흐름에 대한 '청구권Claims'을 의미한다고 볼 수 있어."

"청구권이요?"

"응. 예를 들어 인한이 네가 삼촌 회사의 주식을 50% 가지고 있다면, 넌 삼촌 회사의 순이익 중 50%를 청구할 권리를 갖는 거지. 하지만 네가 회사채를 갖고 있다면, 그 회사채가 명시한 이자, 예를 들면 10%의 이자와 원금에 대한 권리만 갖게 되는 거야."

"음… 그러면 주식이나 채권은 기업의 금융자산이 되는 거고, 기업은 그것들을 발행해서 자금을 조달하고, 그 자금을 또 실물자산에 투자하게 된다… 뭐, 그런 이야기인가요?"

"그렇지, 아주 이해가 빠르구나. 그렇게 이해할 수 있어."

"이해는 하지만 제 머릿속에 잘 넣어 두어야 할 텐데…."

"개념을 잘 이해하고 있어야 해. 억지로 외우려고 하지 말고. 자, 그러면 두 번째 요소를 볼까?"

재무관리환경의 구성요소 2: 금융시장

"자, 두 번째는 금융시장이야. 금융시장은 결국 위에서 이야기한 '증권이 거래되는 시장'을 의미하지. 금융시장은 대부분 거래되는 증권의 만기에 따라 크게 두 가지로 구분을 한단다. 단기증권Short Term Securities이 거래되는 '화폐시장Monetary Market'과 장기증권Long Term Securities이 거래되는 '자본시장Capital Market'이지."

"단기, 장기라고 하면 보통 얼마간을 의미하는 거죠?"

"음… 보통 1년 이하면 단기, 1년 이상이면 장기라고 해. 기업 어음Commercial Paper, CP이나 양도성 예금증서Certificate of Deposit, CD 등이 단기 증권이고, 장기증권은 주로 기업의 회사채나 주식 등을 의미하지. 주식은 기업이 망하지 않는 한 만기가 없는 것이니까. 그래서 흔히 자본시장을 주식시장과 채권시장으로 나누어 생각한단다."

"아, 이런. 벌써부터 복잡한데… 이걸 종류별로 한번에 딱 볼 수는 없나요?"

"그래, 그러잖아도 삼촌이 이런 표를 하나 그려 뒀지. 여길 보렴. 알아 두면 굉장히 유익하단다."

부채증권	단기부채증권 (Short Term Debt Security)	기업어음(CP), 양도성예금증서(CD), 신용장(Credit), 유로달러 등
	채권	국채(Government Bond), 공채(Public Bond), 회사채(Corporate Bond), 자산유동화증권(Asset Backed Securities)
자본증권 (Securities)	우선주(Preferred Stock), 보통주(Common Stock)	
혼합증권 (Hybrid Securitiy)	전환사채(Convertible Bond), 신주인수권부사채(Bond with Warrants)	
파생증권 (Derivative)	선도(Forward), 선물(Future), 옵션(Option), 스왑(Swap)	

출처: 『현대재무관리』, 다산출판사

"몇 번씩 들어 보기는 했지만, 아주 익숙하지는 않네요."

"그렇지 않아. 우리가 흔히 많이 사용하는 용어들이고, 앞으로 사업을 하려면 더더욱 익숙해져야 할 용어들이지. 이렇게 분류된다는 것만 이해해 두렴. 그리고 아까 금융시장을 화폐시장과 자본시장으로 나눴는데, 발행시장과 유통시장으로 분류할 수도 있단다. 말 그대로 발행시장은 증권을 발행하는 시장이고, 유통시장은 발행된 증권이 거래되는 시장이지. 먼저 발행시장부터 알아볼까?"

"네."

"아까 말했듯, '발행시장'이란 기업이나 정부처럼 자금이 필요한 발행 주체가 새로운 증권을 발행해서 자본을 조달하는 시장을 의미해. 특히 주식을 발행하는 경우, 회사가 새롭게 상장을 하면서 발행을 하는 경우인 IPO(Initial Public Offering)와 이미 상장된 회사가 추가로 증권을 발행하여 증자를 하는 SEO(Seasoned Equity Offering)로 나누기도 하지."

"그렇군요. 그런데 삼촌, 증권은 어떻게 발행하는 건가요?"

"그래, 좋은 질문이구나. 우선 증권을 발행하는 방법에는 두 가지가 있단다. 첫째, 직접발행하는 방법과 둘째, 간접발행하는 방법이 있어. 직접발행하는 방법은 예를 들면, 회사가 중간에 중개 기관을 거치지 않고 직접 일반 투자자에게 증권을 발행하고 자금을 받는 것을 말한단다. 하지만 이런 방법은 요즘에는 거의 사용되지 않아. 대신 두 번째 말한 간접발행방법을 이용하지. 간접발행은 투자은행Investment Bank과 같은 중개 기관을 통해 발행을 해서 증권발행을 손쉽고 효율적으로 하는 것이지. 특히 인수기능Underwriting을 통해, 발행 주체가 발행한 증권을 투자은행이 스스로 인수하고 이를 재판매하기도 한단다. 이런 경우, 직접발행에 비해 발행 주체의 부담은 훨씬 덜게 되지. 그래서 대부분 간접발행방법이 이용된단다."

"아…."

"그러면 기업이 주로 이용하는 간접발행방법을 쉽게 이해할 수 있도록 그림으로 한번 그려 볼까?"

발행시장의 구조(간접발행)

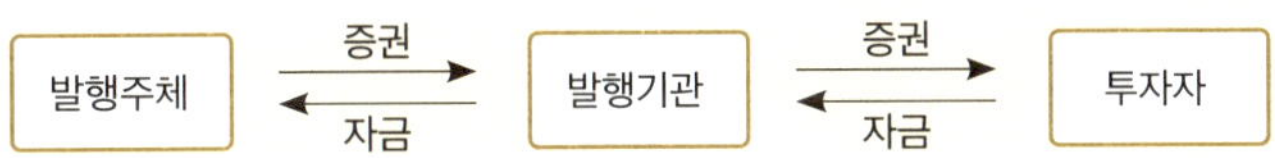

"이렇게 보니 한눈에 들어오네요. 그럼, 이번에는 유통시장에 대해서 이야기해 주세요."

"그래, 그러자. 유통시장은 이미 발행된 증권이 거래되는 시장을 의미한다고 했지?"

"네. 유통시장에 대해서는 사실 할 이야기가 무척 많은데… 우리 어디 조용한 곳으로 자리를 옮길까?"

"네 좋아요. 사실 삼촌 사무실이 편하긴 한데… 이런, 벌써 9시가 넘었네?"

"9시면 초저녁이지. 어차피 이렇게 시작한 거 하는 데까지 해보자꾸나."

"삼촌, 내일 스케줄 있는 거 아니에요?"

"아침에 미팅이 있긴 한데 오늘 하루 정도는 잠 좀 덜 자지 뭐. 대신 나중에 성공하면 크게 한턱 쏘는 거다!"

"쏘고 말고요. 그럼 얼른 자리 옮겨요, 우리."

"그러자꾸나."

사무실로 장소를 옮긴 인한은 노트와 펜을 꺼내 들고 본격적으로 삼촌 앞에 앉는다. 삼촌도 노트북을 꺼내 필요한 자료들을 내보이면서 꼼꼼하게 설명을 하기 시작했다.

"자, 유통시장에 대한 이야기를 하려다 말았지? 이 표를 보면 한눈에 이해를 할 수 있을 거야."

알아 두기

유통시장의 구조

거래소시장Exchange

- 유가증권시장 : 미국의 NYSE(New York Stock Exchange)나 우리나라의 유가증권시장과 같이 일반 투자자들이 증권을 매매하려 할 때 이용하는 시장이다. 상장Listing을 통하여 거래소에서 거래가 이루어질 수 있도록 등록이 된 후에 증권이 거래된다. 현재 우리의 유가증권시장은 그 규모가 세계 15위 안에 드는 매우 크고 효율적인 시장이다. 1997년 9월부터 전 종목을 전산 시스템으로 매매하고 있으며, 각종 증권업무의 전산화를 위해 증권시장의 인프라를 구축하고 있다. 유가증권시장에서는 유가증권의 공정한 가격형성과 투자자 보호를 위해 상장법인으로 하여금 투자자의 투자판단에 필요한 모든 기업정보를 신속히 공시토록 하며, 공시된 정보는 전자공시시스템을 통하여 국내외 투자자들이 실시간으로 접할 수 있도록 하고 있다.

- 코스닥시장: 유가증권시장과는 달리 정보통신기술, 생명공학기술 등 신성장산업을 중심으로 한 증권시장이다. 1996년 7월 개설되었으며, 2024년 11월까지 1,650개의 중소기업 주식이 거래되고 있다.
- 파생상품시장: 주가지수, 금리, 외환, 개별주식 및 일반 상품을 기초자산으로 하는 파생상품이 거래되는 시장을 의미한다. 국내 파생상품시장은 1996년 코스피 200 선물시장을 시작으로 국채선물, 미국달러선물 등의 시장이 잇달아 개설되었다. 현재 세계 제1위의 거래량을 기록하는 등 세계 최대의 파생상품시장으로 발돋움하고 있다.
- 코넥스시장: 코넥스는 초기 중소기업에 특화된 시장으로 중소기업기본법상 중소기업만 상장이 가능하다. 코스닥 시장은 투자자 보호를 위해 계속적으로 상장요건을 강화하여 기업 지원에 한계가 있었다. 초기 중소기업의 자금조달이 은행대출에 편중되는 실정에, 그 특성을 반영한 시장제도를 마련하기 위해 코넥스 시장이 개설되었다.

장외시장Off-Board Market

- 거래소시장 밖에서 유가증권의 거래가 이루어지는 비조직적·추상적 시장을 말한다. 거래방법에 따라 '직접거래시장No Broker Market'과 '점두시장Over the Counter Market'으로 구분되는데, 직접거래시장은 투자자 상호 간의 개별적 접촉과 협상에 의해 주식거래가 이루어지는 시장이고, 점두시장은 중개 기관인 증권회사의 창구에서 주식거래가 이루어지는 시장으로, 일반적으로 이를 '협의의 장외시장'이라 한다. 2005년 1월부터 통합거래소인 한국증권선물거래소의 출범과 함께 '프리보드Free Board'라는 명칭으로 운영하여 왔으나, 코넥스 시장 개설 이후 그 역할이 모호해지며 시장 개편이 이루어졌다. K-OTC 시장은 비상장주식의 매매 거래를 위하여 개설된 제도화, 조직화된 장외시장이다.

"와! 이렇게 보니까 정말 이해하기가 쉽네요."

"그렇다면 이번에는 세 번째 요소에 대해서 한번 알아볼까?"

재무관리환경의 구성요소 3: 금융기관

"자, 기업이 자금을 조달하기 위해서는 자금의 공급자인 투자자를 찾아서 이들로부터 자금을 공급받아야 하는데, 이것은 시간과 비용이 많이 드는 과정이란다. 특히 투자자로부터 단기자금을 직접 공급받기란 매우 어렵지. 따라서 어떤 기업들이 자금의 수요자와 공급자 사이에 서서 이를 중개해 주는 역할을 하는데, 이러한 기업이 바로 우리가 말하는 은행이나 증권회사와 같은 금융기관들이야. 이러한 금융기관을 통해서 하는 금융방식을 '간접금융'이라고 한단다."

"그렇군요. 금융기관에도 종류가 많겠네요?"

"그렇지. 네가 알고 있는 대부분의 은행과 저축 기관, 투자 기관이 해당될 거야."

"아… 그렇구나."

"자, 벌써 시간이 이렇게 됐네? 이제 슬슬 이야기를 정리해 볼까? 지금까지 한 이야기가 이해가 됐다면, 이제 네가 시작할 회사를 어떤 형태로 할 것인지를 정해야 할 것 같구나. 기업에도 여러 형태가 있으니까. 크게 개인기업, 합명회사, 합자회사, 유한회사, 그리고 주식회사로 나눠지는데, 이들 특징을 먼저 파악한 다음 네 상황에 가장 맞는 방법을 선택하는 게 좋을 것 같아. 그렇지?"

"네, 그렇겠네요. 그 기업의 특징들은 어떻게 되나요?"

인한의 질문에 삼촌은 노트북을 펼쳐 주었다.

"삼촌은 자료실에 가서 몇 가지 찾아보고 올 테니, 여기 챗GPT를 사용해서 한번 찾아봐. 요즘 친구들은 다 AI를 활용해서 이런 정보를 얻던데. 네가 나아가야 할 방향에 있어서 중요 정보를 쉽게 찾을 수 있을 게야."

"네, 알겠어요, 삼촌."

인한은 노트북을 받아들고, 삼촌이 로그인한 챗GPT 화면에 기업의 형태와 각 장단점, 특히 주식회사의 구조에 대해 질문하기 시작했다. 다양한 기업의 형태와 그 특징에 대해 구체적인 정보가 요약되어 나타났다.

ChatGPT 답변

기업 형태

개인기업Sole Proprietorship

개인기업은 한 사람이 자본을 출자하고, 기업의 소유와 경영, 통제를 모두 담당하는 가장 단순한 기업 형태이다. 개인기업의 역사는 상업이 처음 발달하던 고대 사회로 거슬러 올라가며, 초기 시장에서 상인과 장인이 대표적인 예로 볼 수 있다. 현대에도 소규모 가게나 개인 사업자들이 주로 이 형태를 이용한다. 개인기업은 경영자가 모든 의사결정을 신속하게 내릴 수 있고, 법적 규제가 적으며, 설립과 폐쇄가 쉽다. 또한 발생한 이윤은 전적으로 소유자가 가져간다. 그러나 자본 조달 능력이 제한적이고, 경영자가 무한책임을 지기 때문에 위험 부담이 크다. 더불어 기업의 운명이 경영자의 건강이나 사망 등에 따라 크게 좌우되며, 규모 확장에도 한계가 있어 대규모 사업에는 적합하지 않다.

합명회사General Partnership

합명회사는 중세 유럽 상업 중심지에서 발전했으며, 신뢰를 바탕으로 한 가족 단위의 사업체에서 기원했다. 이 형태는 2명 이상의 출자자가 공동으로 출자하여 운영하며, 모든 출자자가 연대무한책임을 진다. 합명회사는 혈연이나 친분 같은 신뢰 관계를 기반으로 조직되며, 개인 기업보다 자본 조달이 용이하다. 그러나 의사결정 시 모든 사원의 동의가 필요해 의사결정 속도가 느릴 수 있다. 또한 사원 간 신뢰가 깨질 경우 기업 운영에 어려움을 겪을 위험이 크다. 사원의 책임이 무한하기 때문에 개인 자산까지 채무 변제에 동원될 수 있다. 자본 조달 능력이 제한적이라 대규모 사업보다는 소규모 사업에 적합하다.

합자회사Limited Partnership

합자회사는 중세 이탈리아의 해상 무역에서 기원했다. 당시 귀족, 상인, 지주들이 자본을 제공하고 전문 무역업자가 경영을 담당하는 방식에서 발전했다. 합자회사는 무한책임사원과 유한책임사원으로 구성되며, 무한책임사원이 경영과 채무 책임을 지고 유한책임사원은 출자만 하며 출자액 한도로 책임을 진다. 이 구조는 자본 조달의 유연성을 제공하며, 경영과 출자를 분리하여 효율성을 높인다. 하지만 무한책임사원의 부담이 크고, 유한책임사원의 지분 양도가 제한되어 자본의 유동성이 떨어진다. 대규모 사업보다는 신뢰 기반의 소규모 기업에 적합하며, 주식회사와 개인기업의 중간 형태로 볼 수 있다.

주식회사Corporation

주식회사는 1602년 네덜란드 동인도회사를 시작으로 발전했다. 산업혁명 이후 대규모 자본 조달 필요성이 증가하면서 급속히 확산되었으며, 현대 경제에서 가장 일반적인 기업 형태이다. 주식회사는 주식을 발행하여 자본을 조달하며, 주주는 자신의 출자액 한도 내에서만 책임을 진다. 이로 인해 자본과 경영이 분리되고 전문 경영인이 운영을 담당하게 된다. 대규모 자본 조달이 가능하고, 기업의 지속 가능성이 높다는 점이 장점이다. 그러나 설립과 운영 절차가 복잡하고, 정보 공개 의무로 인해 비밀 유지가 어렵다. 또한 경영자와 주주 간 이해관계 충돌이 발생할 가능성이 있다. 현대 대기업이 주로 채택하는 구조로, 자본주의 경제에서 핵심적인 역할을 한다.

유한회사Private Company

유한회사는 19세기 산업화 시기에 주식회사의 복잡한 절차와 의무를 간소화하기 위해 등장했다. 이 형태는 소규모 자본과 소수의 사원으로 운영되며, 사원은 출자액에 한해 책임을 진다. 모든 사원이 유한책임을 지는 점에서 주식회사와 유사하다. 그러나 주식 발행과 자본 증권화를 하지 않아 외부 자본 조달이 어렵다. 유한회사는 설립 절차가 비교적 간단하고 법적 제약이 적어 중소규모 사업에 적합하다. 또한 기업 정보를 공개할 의무가 없어 비밀 유지가 용이하다. 반면 자본 조달과 성장 가능성이 낮으며, 지분 양도에 제한이 있어 경영 유연성이 떨어질 수 있다. 주로 중소기업에서 활용되는 형태이다.

기업 형태별 장단점

기업 형태	장점	단점
개인기업	• 설립과 폐쇄가 용이 • 신속한 의사결정 가능 • 이윤 전액 소유 • 법적 규제가 적음	• 자본 조달 능력 제한 • 무한책임 부담 • 경영자 의존성 높음 • 규모 확장 어려움
합명회사	• 설립과 운영이 간단 • 출자자 협력으로 경영 효율성 증가 • 개인기업보다 자본 조달 용이	• 연대무한책임 부담 • 의사결정 시 전원의 동의 필요 • 자본 조달 및 확장 한계
합자회사	• 자본 조달의 유연성 • 경영과 출자의 분리로 효율성 향상 • 유한책임사원은 출자액 한도 내에서 책임	• 무한책임사원 부담 큼 • 유한책임사원의 지분 양도 제한 • 자본 유동성 부족
주식회사	• 대규모 자본 조달 가능 • 유한책임으로 개인 자산 보호 • 전문 경영 가능 • 지속 가능성 높음	• 설립과 운영 절차가 복잡함 • 정보 공개 의무로 비밀 유지 어려움 • 주주와 경영자 간 갈등 발생 가능
유한회사	• 설립 절차 간단 • 법적 규제가 적음 • 유한책임으로 개인 자산 보호 • 기업 정보 공개 의무 없음	• 자본 조달 능력 제한 • 성장 가능성 낮음 • 지분 양도 제한으로 유동성 부족

주식회사: 상세 설명

1. 소유와 경영의 분리

주식회사의 가장 큰 특징은 소유와 경영이 분리된 구조이다. 주식회사의 주주는 회사의 소유자이지만, 경영은 전문 경영진이 맡는다.

주식 분산

주식이 대중에게 발행되면, 소유권이 여러 사람에게 나뉘게 된다. 주식회사는 다수의 주주로 구성되며, 각 주주는 주식 보유 비율에 따라 의사결정 권한을 가진다.

경영 위임

소액 주주들은 현실적으로 경영에 직접 참여하지 않고, 배당금이나 자본이득을 기대한다. 경영은 이사회와 전문 경영진에 위임되며, 이는 경영 효율성을 높이는 데 기여한다.

결과

소유와 경영의 분리로 인해 경영 전문가들이 기업을 운영할 수 있는 체계가 마련되지만, 주주와 경영진 간 이해관계 충돌이 발생할 수 있다. (예: 주주 이익 극대화 vs 경영진의 보상 및 권력 확대.)

2. 이사회의 역할 및 중요성

이사회는 주식회사의 핵심 의사결정 기구로, 회사의 전략적 방향을 설정하고 경영진을 감독한다.

구성

이사회는 주주총회에서 선임된 이사들로 구성되며, 이사들은 회사의 업무 집행을 담당한다.

역할

- 최고경영자(CEO) 및 주요 경영진의 선임과 해임
- 회사의 주요 정책과 전략 결정
- 자본 조달(예: 신주 및 사채 발행)
- 회사 자산의 중요한 거래 승인
- 회사의 재무제표 및 주요 회계 보고 검토

중요성

이사회는 주주들의 이익을 대변하면서도, 경영진의 독단적 의사결정을 견제한다. 특히 대형 기업에서는 이사회의 독립성과 투명성이 회사의 성공에 중요한 요소로 작용한다.

3. 주주의 의무와 권리

주주는 회사의 소유자로서 권리와 의무를 가진다.

주주의 권리

- 의결권: 주주총회에서 중요한 사항(예: 이사 및 감사 선임, 정관 변경)에 대해 투표할 권리
- 배당금 수령권: 회사가 이윤을 창출한 경우, 배당금을 받을 권리
- 잔여재산 분배권: 회사가 청산될 경우 잔여 자산을 받을 권리(채권자 변제 후)
- 정보 접근권: 회사의 재무제표 등 주요 정보를 열람할 권리
- 신주 인수권: 회사가 신주를 발행할 때 기존 주주로서 우선적으로 주식을 매입할 권리

주주의 의무

- 출자 의무: 회사에 대해 약정된 자본금을 출자해야 한다.
- 책임 한정: 주주는 자신이 출자한 금액 한도 내에서만 회사 채무에 대해 책임을 진다(유한책임).

4. 감사의 역할

감사는 주식회사의 내부 통제와 재무 건전성을 확인하는 데 중요한 역할을 한다.

선임 및 구성

감사는 주주총회에서 선임되며, 독립적으로 활동해야 한다. 감사의 임기는 보통 2년으로 제한된다.

역할

- 회계 감사: 회사의 재무제표, 회계 처리 및 자산 운용이 법규와 회사 정책에 맞는지 점검
- 업무 감사: 이사 및 경영진의 직무 수행이 적법하고 공정한지 확인
- 위법 행위 방지: 경영진이나 이사가 회사 자산을 부당하게 사용하는 행위를 방지하고, 필요 시 보고
- 주주 이익 보호: 감사는 주주의 이익을 대변하며 경영진의 권력 남용을 견제하는 역할을 한다.

중요성

감사는 이사회의 독립성과 투명성을 보완하며, 회사가 법적·재정적 위험에 노출되는 것을 방지한다.

요약

주식회사는 소유와 경영의 분리, 이사회의 전략적 의사결정, 주주의 권리와 의무, 그리고 감사의 견제 역할을 통해 대규모 기업 운영을 가능하게 만든다. 이러한 구조는 자본주의 경제의 핵심을 이루며, 기업의 투명성과 효율성을 높이는 데 중요한 기여를 한다.

인한이 주식회사의 특징까지 다 읽어 내려갔을 때쯤, 삼촌이 몇 권의 책을 들고 방으로 돌아왔다. 삼촌이 건네준 책은 이미 자신도 몇

차례 관심을 갖고 본 것이었다. 물론 지금과 같은 상황에서는 다른 어느 때보다 새롭게 다가오긴 했다. 만약 자신이 실제로 기업을 세우게 된다면 어떤 형태여야 할 것인가에 대해, 몇 차례 고민을 한 적도 있었다. 그때의 고민과 지금의 고민은 사뭇 다른 것이겠지만 말이다.

웃으면서 들어오는 삼촌을 보니, 인한은 정말 든든하다는 생각이 들었다. 무엇보다 이미 기업을 성공적으로 잘 이끌어 가고 있는 삼촌에게 조언을 구하고, 또 어느 때나 기업의 방향을 논의할 수 있다는 게 얼마나 행운인가? 인한은 이렇게 늦은 시간까지 함께해 준 삼촌에게 정말 고맙다는 생각이 들었다.

"삼촌, 정말 감사해요. 이렇게 늦은 시간까지 저 때문에…."

"녀석, 별 이야길 다하는구나. 그래, 책은 한번 읽어 봤어?"

"네, 저는 혼자서 회사를 시작하니까 개인회사 형태로 출발하는 게 좋을 것 같은데 괜찮을까요?"

"그래, 좋은 생각이다. 나중에 기업이 성장해서 커지게 되면, 그때 유한회사나 주식회사로 전환하는 것도 고려해 볼 수 있을 거야."

"그렇게 된다면 더 바랄 것도 없을 거예요!"

"하하하. 그 정도 꿈은 가져야지. 자, 이제 삼촌이 알려줄 수 있는 건 다 알려준 것 같은데? 자료를 찾다 보니 네게 도움이 될 것 같은 게 몇 개 있더라고. 이 책들 시간 나는 대로 한번 읽어 보려무나."

삼촌은 기업 경영과 재무관리에 관련된 몇 권의 책을 건네준다.

"감사합니다, 삼촌."

"아, 그러고 보니… 너 여자친구는 있냐?"

"에이, 삼촌. 백수인 저한테 무슨 여자친구가 있겠어요. 소개라도 해주실 건가요?"

"맞아, 소개해 주려고 했어."

깜짝 놀란 인한이 삼촌에게 되묻는다.

"진짜요? 저 같은 백수한테 관심 가질 사람이 있을까요?"

"엄청 멋진 사람인데… 네가 관심 없으면 병구한테 소개해 줘야 하나?"

"아, 아니에요 삼촌! 관심 많아요! 근데 진짜 그렇게 멋진 분이에요?"

"당연하지. 한번 보면 계속 보고 싶어서 네가 먼저 연락하게 될걸?"

"와… 그런 분이라면, 꼭 한번 만나 보고 싶네요."

"좋아. 그럼 잠깐 기다려 봐."

삼촌은 누군가에게 전화를 걸어 통화를 하는 듯했다. 인한은 이게 웬일인가 싶어 입이 귀에 걸렸다.

"자, 이거 받아라."

삼촌은 인한에게 약속 시간과 장소를 적은 쪽지를 건네준다.

"잊어버리면 안 돼. 알았지?"

"네, 정말 감사해요, 삼촌!"

인한은 쪽지를 건네받은 후, 삼촌에게 거듭 여러 가지로 감사하다는 인사를 한 후 헤어졌다. 한꺼번에 너무 많은 걸 얻게 된 하루 같아서 가슴이 뿌듯했다. 이제 좋은 일만 생길 거라는 기대를 잔뜩 안고, 인한은 휘파람을 불면서 집으로 돌아왔다.

Chapter Summary

사업을 시작하기 전에 가장 먼저 생각해 봐야 할 것은?

사업을 시작하기 전에 가장 먼저 생각해 봐야 할 것은 바로 '우리 사업이 돈이 되는 사업일까?'이다. 이는 실제 투자된 금액과, 그 금액을 통해 벌어들일 수 있는 수익이 얼마가 될 것인지 계산을 통해 알아볼 수 있다. 여기서 반드시 알아 두어야 할 세 가지 개념이 있다.

1) 미래가치

FV = Future Value

미래가치는 오늘 '예금하거나 투자한 돈이 몇 년 후에는 얼마가 될까'에 대한 답이라고 할 수 있다. 미래가치를 구하는 공식은 다음과 같다.

$$FV = PV \times (1+r)^t$$

FV: 미래가치
PV: 현재가치
r: 기간당 이자율(소수)
t: 기간의 수

2) 현재가치

PV = Present Value

현재가치는 미래가치와는 반대의 의미로, 미래에 발생하게 될 현금흐름을 현재 시점의 가치로 환산한 금액이라고 할 수 있다.

$$PV = \frac{FV}{(1+r)^t}$$

FV: 미래가치
PV: 현재가치
r: 기간 당 할인율
t: 기간의 수

3) 순현가

NPV = Net Present Value

순현가는 이 사업을 시작했을 때 이익이 될 것인지, 손해가 날 것인지를 알아보는 것으로, 투자안의 현가를 구하고, 거기서 투자비용을 뺌으로써 도출할 수 있다. 즉 순현가가 (+)가 나오면 투자를 해도 되고, (-)가 나오면 투자를 하면 안 된다는 의미가 된다.

재무관리환경의 세 가지 구성 요소

이는 사업을 시작할 때 자본을 어디서 조달할 것인지를 결정하는 요소가 된다.

- 재무관리환경의 구성요소 1 - 증권
- 재무관리환경의 구성요소 2 - 금융시장
- 재무관리환경의 구성요소 3 - 금융기관

기업의 형태

기업에는 여러 형태가 있다. 사업을 시작할 때에는 이들 특징을 고려하여 자신의 상황에 맞는 형태로 시작할 수 있다.

1. 개인기업
2. 합명회사
3. 합자회사
4. 유한회사
5. 주식회사

2강

수익률이 큰 것만이 좋은 걸까?

투자에서 생길 수 있는 위험요소란 무엇일까?

설레는 데이트 상대

오늘따라 유난히 하늘이 높고 푸르다. 인한의 마음이 기쁨에 차 있는 탓일까? 사업을 시작하고 나서 마냥 좋은 일만 생기리란 보상은 없지만, 그래도 아직은 가슴이 설레고 벅차다. 삼촌의 조언에 따라 차분하게 준비를 잘해서인지 사업은 출발이 좋았다. 종종 필요한 것들은 병구가 알아서 알려 주었기 때문에 인한은 더없이 좋은 멘토를 둔 셈이었다.

동업자도 없이 개인 사업의 형태로 혼자 사업을 시작하는 것이 말처럼 쉬운 일은 아니었다. 미국 시장에서 인기를 얻은 무인 택시가 한국 시장에서도 동일한 인기를 얻으려면 분명 상황에 맞게 요소들을 적절히 변화시켜 줘야 할 터였다. 그런 면에서 인한은 사전에 철저한 시장조사를 한 덕택에 큰 어려움 없이 시작을 할 수 있었다.

누구보다 편리한 것을 추구하지만 의심이 많고, 재차 확인을 한 후에야 이러한 제도를 믿는 한국 사람들의 성향, 그리고 성미가 급하고 나이가 어릴수록 책임감이 부족하다는 점, 또 택시를 이용하는 사람들이 깨끗하게 차를 사용할지에 대한 확인하는 절차 등 모든 면에 있어서 꼼꼼하게 따져 봐야 했다. 다양한 차들을 공급하는 자동차 회사와의 계약도 잘 체결되었고, 현직에 있는 선배의 도움으로 법적 문제와 관련된 것도 빈틈없이 만들어 두었다.

그러나 아무리 좋은 아이템이라도 세상에 알려지지 않으면 그만인 법. 인한은 같은 학과의 후배 몇 명을 동원해 홍보에 관련된 아이디어들을 모았다. 어차피 새로운 것에 적극적인 젊은 20~30대들을 주 타깃으로 한 사업이므로 인터넷 커뮤니티와 SNS, 유튜브, 인스타그램 등을 우선적으로 공략했고, 그 결과 인한의 회사 'Ping Car'를 금세 홍보할 수 있었다. 사람들은 '무인 택시'라는 새로운 아이템에 쉽게 매료되었고, 금세 문의 글들이 올라오기 시작했다.

젊은이들의 취향에 맞게 만들어진 홈페이지에는 순식간에 방문자 수가 늘었다. 굳이 목적지를 기사에게 알려 줄 필요 없이 스마트폰으로 신청하고 간단히 결제할 수 있다고 하니, 한번 이용해 본 고객은 반드시 단골 고객이 되었고 입소문도 급격하게 퍼져 나갔다. 아직은 시작 단계에 불과했지만, 분명 좋은 출발이었다. 인한은 빨리 좀 더 탄탄하게 기업을 확장해 나가야겠다는 생각에 마음이 조급해졌다.

하지만 사업을 경영하는 데 있어 자신이 아는 것이 너무 적다는 생각에 인한의 마음은 점점 더 불안해졌다. 궁금한 점은 많았지만,

겨우 이제 조금씩 알아가고 있는 단계라, 혹시 자신의 배움이 사업이 성장하는 속도를 따라가지 못할까 걱정이 됐다. 그렇게 고민에 빠져 있던 인한의 머릿속에 문득 지난달 삼촌이 잡아 준 약속이 스쳤다.

'이런, 삼촌이 소개해 준 분과의 약속이 바로 이 즈음 아니었나?'

인한은 약속 날짜가 내일인 것을 확인하고, 핸드폰에 잘 입력해 두었다.

이건 소개팅이 아닌 강의?! 삼촌의 숨겨진 의도

다음 날 아침. 약속 장소를 확인하긴 했지만 뭔가 좀 이상하다. 약속 장소를 다시 확인해 보니 이건 커피숍도 아니고, 음식점도 아니고, 성공빌딩 12층 세미나실이라니. 만남의 장소라고 하기엔 너무 독특한 게 아닌가? 어쨌든 삼촌이 가보라고 한 곳이니 취향이 참 독특한 사람이거나, 혹은 거기에 우선 특별한 볼일이 있거나, 아니면 일하는 곳이려니 하고 약속 장소로 향했다.

12층 세미나실에 도착. 들어서니 거기엔 이미 많은 사람들이 와 있다.

'아니, 이게 무슨 황당한 시추에이션? 여기서 무슨 데이트를 한단 말이야. 이 많은 사람 중에 한 사람 고른다는 거야, 뭐야? 어랏, 여자도 있네? 일단 기다려 보자. 전화라도 오겠지.'

10분쯤 기다리자 약속한 시간이 됐다. 어쩐지 모두들 세미나실에 한 자리씩을 차지하고 앉는 분위기다. 인한도 우르르 사람들을 따라 함께 자리에 앉는다.

잠시 후 세미나실에 고요함이 감돌 무렵, 한 여성이 앞문으로 들어섰다. 키가 크고 긴 머리를 자연스럽게 늘어뜨린 모습이 시선을 사로잡았다. 검정색 수트에 살짝 두른 스카프는 세련된 분위기를 더해주었고, 그녀의 자신감이 도도하게 느껴졌다.

'그런데 이게 어떻게 된 일이지? 데이트라고 했는데, 상대자가 너무 많은 거 아냐?'

인한이 궁금해하고 있을 때쯤, 테이블 앞에 선 여자는 상냥하면서도 또랑또랑한 목소리로 자신의 이름을 밝혔다.

"안녕하세요, 여러분? 몇 차례 뵌 분들도 계시고, 오늘 처음이신 분들도 계시네요. 어쨌든 반갑습니다. 저는 김빛나 강사라고 합니다."

그녀가 자신을 '강사'라고 소개하며 인사를 마치자마자, 세미나실은 우레와 같은 박수 소리로 가득 찼다. 모두가 싱글벙글 웃으며 그녀를 향한 기대감을 드러냈다. 인한은 분위기에 압도된 채, 옆 사람에게 조심스럽게 물었다.

"오늘 무슨 날인가요?"

"무슨 날이긴요. 김빛나 강사, 몰라요? 이쪽 계통에서는 유명한데…."

"유명? 왜요?"

"재치 있는 말솜씨에 강의도 정말 재미있거든요. 보시다시피 사람들이 이렇게 항상 가득 차요. 그 소문 듣고 오신 거 아니에요?"

"아, 아, 네…"

인한은 그제야 조금 이해가 갈 듯했다. '소개팅'이라는 이름으로 삼촌이 이 자리에 오게 하긴 했지만, 사실은 김빛나 강사의 강의를 듣게 하기 위함이었던 것. 그리고 곧 김빛나 강사가 하얀 벽에 준비한 강의 파일을 비추는 순간, 삼촌이 의도한 바를 확실히 알 수 있을 것 같았다.

멋진 여자와의 설레는 소개팅은 아니라 좀 서운했지만, 궁금했던 것을 속 시원히 해결할 수 있는 자리, 게다가 유명한 강사에게서 훌륭한 강의를 통해 배울 수 있는 기회라고 생각하니 그 서운함도 금방 가셨다. 인한은 이왕 이렇게 된 거 삼촌의 성의를 생각해서라도 집중해서 강의를 들어야겠다고 다짐하고 귀를 쫑긋 세웠다.

김빛나 강사는 강의에 앞서 최근 기업들의 근황과 몇 가지 에피소드 등을 통해 분위기를 고조시킨 다음, 본론으로 들어갔다.

주제1: 위험과 수익률

"자, 위험Risk에 대해 배우기에 앞서 우선 수익률Rate of Return의 개념부터 살펴보기로 해요. 다들 수익이 무엇인지는 잘 알고 계시죠?"

강사의 말이 떨어지자마자 모두들 약속이라도 한 듯 늠름한 목소리로 대답했다. 김빛나 강사의 강의가 처음이 아니라 그런지 여유가 있어 보였다.

"그렇죠, 투자를 한 데서 얻는 성과가 수익이죠. 이거 모르시는 분은 지금 바로 나가셔도 좋아요. 그렇다면 수익률이란 무엇일까요? 네, 맞습니다. 투자액 1원에 대해서 어느 정도 성과를 냈는지를 나타내는 상대적인 비율이라고 할 수 있을 거예요. 그렇다면 수익률이란 이렇게 나타낼 수 있겠네요."

$$\text{수익률} = \frac{(\text{총수익} - \text{투자금액})}{\text{투자금액}}$$

"대부분의 사람들이 수익률이 높은 사업을 하려고 하겠죠? 그런데 미래에 어떻게 될지는 누구도 알 수 없어요. 우리는 모두 불확실한 미래에 투자를 하고 있는 셈이죠. 새로 설비를 갖춘다 해도 그 이후로 얼마나 매출을 올릴 수 있을지, 주식에 투자를 한다 해도 배당을 제대로 받을 수 있을지… 실은 모두 미지수에요. 이런 불확실성을 두고 바로 '위험'이라고 합니다. 우리가 낼 수 있는 수익률을 제대로 이해하려면, 이 위험이라는 요소도 고려해야겠죠? 자, 우선 여길 한 번 볼까요?"

김빛나 강사는 장면을 넘겨서 다음과 같은 세 가지 유형을 보여 주었다.

"세상에 위험을 좋아하는 사람은 없을 거예요. 미래가 불확실하다면 단순히 기대할 수 있는 수익이 크다고 해서 최고의 만족감을 얻는 것도 아닐 테니까. 따라서 결국 위험과 수익의 조합 중 가장 만족할 만한 수준에서 선택을 하게 되죠. 자, 이런 점에서 볼 때 우리는 위험에 대한 투자자의 태도에 대해서도 한번 생각해 볼 필요가 있을 거예요. 여기, 제가 보여드리는 세 가지가 바로 그 태도에 대한 일반적인 유형이죠."

위험에 대한 태도

1. 위험회피형 Risk Averse Type
2. 위험중립형 Risk Netural Type
3. 위험선호형 Risk Loving Type

당신은?

"1번의 위험회피형은 다른 조건이 같다고 가정할 경우, 위험을 싫어하는 타입이라고 할 수 있어요. 2번은 투자자의 의사결정이 위험에 대해 무관한 경우를 의미하고, 3번은 같은 조건하에서 위험이 없는 주식보다 위험이 있는 주식을 선택하는 경우를 의미하죠.

자, 저기, 파란색 와이셔츠 입으신 분 오늘 의상이 멋지신데 성함이 어떻게 되시죠?"

"아, 네? 저요? 네. 강인한이라고 합니다."

갑작스레 지적을 받은 인한은 집중해서 강의를 듣느라 잠긴 목을 가다듬고 대답했다.

"네, 강인한 씨. 인한 씨는 세 가지 중 어떤 유형일까요?"

"아, 네. 저는 음… I라서 좀 소심하긴 하지만, 그래도 3번에 가까운 것 같은데요?"

"호호, 그렇군요. 아쉽게도, 역사적인 자료들을 쭉 살펴보면, 대부분의 합리적인 투자자는 1번, 바로 위험회피형의 태도를 보였어요. 앞으로도 우리는 특별한 언급이 없으면 '투자자는 위험회피형'이라고 가정할 겁니다."

김빛나 강사의 말에 사람들이 깔깔대며 웃었다. 인한은 잘못한 것도 없는데 괜히 얼굴이 빨개졌다. 김빛나 강사는 그런 인한을 보고 살짝 웃으면서, 다시 강의를 계속했다.

"어떤 사업을 벌이기 위해 투자결정을 하려고 할 때, 우리는 미래의 각각 다른 상황에 생겨날 효용을 그 상황이 생길 확률을 곱해서 각각 더한 효용의 기대값을 생각하여 선택을 한다고 했어요. 말이 좀 어렵죠? 이렇게 쉬운 예를 한번 들어 볼게요. 비가 오거나 날씨가 맑을 확률이 각각 50%이고, 비가 올 경우 효용이 30이 생기고, 날씨가 맑을 경우 효용이 40이 생긴다면, 기대효용은 결국 50%×30+50%×40=35가 되는 것이지요. 투자결정을 할 때 이처럼 기대효용을 생각한다는 것은 이러한 점들을 고려해서 투자결정을 한다는 것을 의미합니다. 아시겠죠?

자, 그렇다면 기대효용을 구하는 것이 관건이겠죠. 일단 미래의 상태와 그에 대한 확률을 우리가 알고 있다고 가정한다면, 각각의 상태에 대한 효용을 구하면 될 것입니다. 우리가 투자를 생각할 때는 투자로부터 생기게 될 기대수익과 투자안이 안고 있는 위험이 우리의 효용에 영향을 미치겠지요. 기대수익이 늘어나는 것은 효용에 긍정적인 영향을, 위험이 커지는 것은 효용에 부정적인 영향을 미치게 될 테고요. 이때 기대수익을 측정하는 하나의 방법으로 미래에 얻어질 수 있는 수익의 대치, 즉 기대수익률을 이용해서 투자자가 각각의 상태에 느끼는 효용을 구할 수 있어요. 또한 수익의 분산, 즉 수익률의 변동폭을 이용해서 위험을 측정할 수도 있지요. 즉, 변동이 심한 투자안은 더 위험한 것이니까요. 여기에 각각의 상태에 대한 확률로 가중하여 기대효용을 구하면 되겠죠. 이것을 나타낸 모형이 있는데, 이를 '평균-분산 모형'이라고 합니다. 그림을 한번 볼까요?"

지배원리(Dominance Principle)

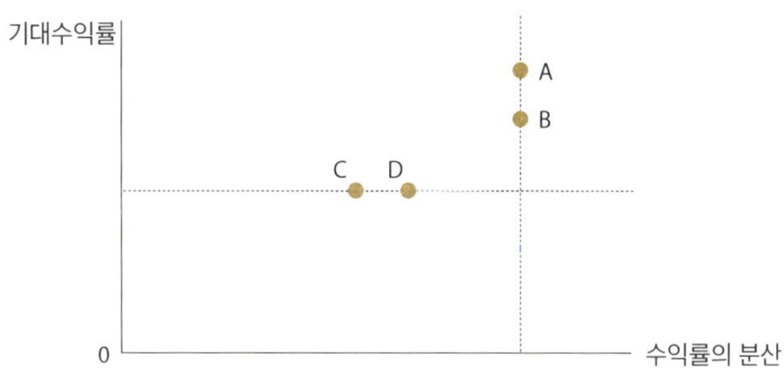

"이와 같은 4개의 투자안이 있다고 하죠. 여러분들이라면 A와 B 중 어떤 투자안을 선택하겠습니까? 당연히 A겠죠? A, B는 모두 위험이 같지만 A의 수익률이 더 높기 때문에 A를 선택할 거예요. 그렇다면 C와 D 중에서는 무엇을 선택해야 할까요? 네, C를 선택하는 것이 맞습니다. C와 D는 수익률이 같기 때문에 위험이 더 작은 C를 선택해야겠죠. 이런 원리를 바로 '지배원리'라고 합니다. 지배원리는 결국

평균-분산 모형에 입각해서, 위험을 회피하는 투자자들의 선호체계를 나타내는 투자안의 선택기준이라고 할 수 있어요. 여기서 A 또는 B, C 또는 D는 지배원리에 의해 명확히 구분이 됩니다. 하지만 A와 C, 그리고 B와 C 또는 D는 지배원리에 의해 어느 쪽이 더 나은지 판가름할 수가 없어요. 즉 평균-분산모형에 따른 지배원리가 모든 투자안의 순위를 정해 주지는 못하는 거죠."

무차별곡선

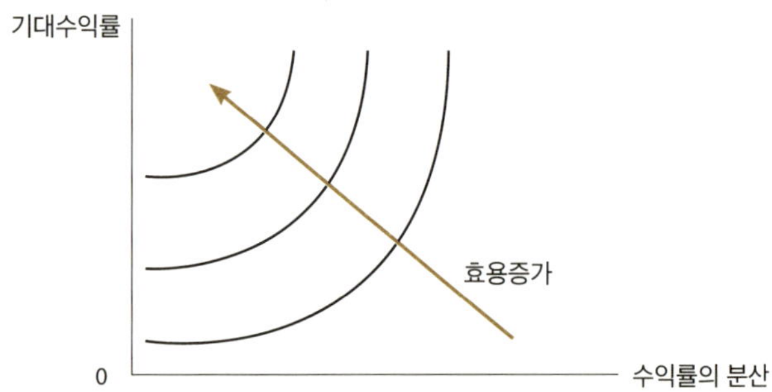

"한편, 어떤 투자안들은 서로 동일하게 선호될 수가 있죠. 이때, 이러한 투자안들을 연결한 선을 그림으로 그릴 수 있는데 이것이 바로 여기 보이는 '무차별곡선Indifference Curve'입니다. 이 곡선 위에서는 어떤 점을 선택하든, 투자자가 갖는 기대효용이 같은 거죠. 자, 위험회피형 무차별곡선은 보시는 것처럼 우상향 그래프로 나타나요. 이것은 위험이 늘어날수록 기대수익률이 더욱 크게 늘어야 투자자가 동일한 효용을 갖게 됨을 의미합니다. 그리고 위쪽에 있는 무차별곡선일수록 효용이 증가하게 되죠. 이해가 되나요?"

"네!"

모두들 씩씩하게 대답했다. 인한도 이해가 되는 듯 고개를 끄덕이며 대답했다.

"자, 어렵지 않죠? 이것으로 첫 번째 주제에 대한 강의가 끝났으니, 잠시 티타임을 가졌다가 2강으로 들어가도록 해요."

김빛나 강사가 잠시 앞에 있는 의자에 앉자, 인한은 재빨리 커피를 한 잔 뽑아 들고 그녀에게 다가간다. 그런데 그보다 더 빠른 남자가 이미 웃으며 커피를 건넨 뒤 사라지고 있었다. 이런! 인한은 양손에 커피를 든 채 당황스러워 돌아서려는 순간, 뒤에서 김빛나 강사의 또렷한 목소리가 들려왔다.

"강인한 씨라고 했나요?"

인한은 살짝 뒤로 돌아보며 멋쩍은 웃음을 지어 보였다.

"아, 네. 맞습니다."

"그 커피, 저 주시려던 거 아니었어요? 이리 와서 앉으세요. 같이 한잔하죠."

"네, 감사합니다."

인한은 커피 한 잔을 슬쩍 내밀고는 강사 앞에 앉았다.

"제 강의, 처음이신가 봐요."

"네. 실은… 삼촌이 멋진 여자분을 소개시켜 준다기에 나왔는데, 이런 특별강좌가 있는 줄은 몰랐네요. 멋진 여자분인 건 맞는데."

"호호호, 저 말씀하시는 거 맞죠? 감사해요. 삼촌이 소개시켜 주셨다고요. 혹시 존함을 알 수 있을까요?"

"네. 너따로 아이스크림의 이지존 회장님이라고…."

"아아! 제가 잘 알죠. 자주는 아니지만 가끔 뵙기도 하고요. 그분이 삼촌이셨구나. 이런, 영광인데요? 이렇게 멋진 분을 제 강의에 소개시켜 주시고."

"아니, 별말씀을요. 저야말로 영광입니다. 저에게 꼭 필요한 수업이었는데, 이렇게 받을 수 있게 돼서 얼마나 잘됐는지 몰라요. 게다가 이렇게 귀에 쏙쏙 들어오게 강의를 해주시니 저 같은 문외한도 금방 이해가 되네요."

"말씀만이라도 감사해요. 오늘 강의가 끝나면 내일 이어서 두 시간짜리 강의가 더 있을 예정이에요. 마저 들으시는 게 도움이 많이 될 겁니다."

"네, 꼭 그럴게요. 감사합니다."

인한은 연신 고개를 숙이며 감사 인사를 전했다. 그의 다소 과장된 모습이 재미있었던지, 김빛나 강사도 미소를 지었다. 여자친구를 제대로 사귀어 본 적이 없어서일까, 인한은 그녀 앞에서 유난히 가슴이 두근거리고 쉽게 당황했다. 그래서인지 행동도 자꾸 어색하게 과장되곤 했다. 아무튼, 내일 또 강의를 들을 수 있다는 생각에 기뻐하며, 인한은 자리에 앉아 다음 강의를 들을 준비를 했다.

주제2: 포트폴리오 이론

"자, 여러분. '포트폴리오'란 말 들어보셨죠? 네, 맞아요. 우리는 한 군데 이상, 즉 여러 대상에 투자를 할 수 있잖아요. 그 투자 대상의 집합을 바로 포트폴리오라고 해요. 우리는 지금까지 개별자산에 대한 기대수익률과 위험에 대해서만 알아봤는데, 이제부터는 개별자산을 넘어서 여러 자산으로 구성되는 포트폴리오를 선택하는 이론에 대해 알아보려고 합니다.

이 포트폴리오를 선택하는 기준도 앞에서 배웠던 '지배원리'를 이용하면 됩니다. 평균-분산 모형을 그대로 사용하는 거죠. 그러면 두 자산으로 구성된 포트폴리오의 기대수익률과 위험을 한번 구해볼까요? 자, 여기 아이스크림 회사와 우산 회사의 주식수익률의 분포가 있어요. 두 회사의 주식수익률의 기대값과 표준편차를 각각 한번 구해 볼까요?"

	아이스크림	우산	포트폴리오(1/2 아이스크림, 1/2 우산)
맑은 날	10%	0%	5%
비 오는 날	0%	10%	5%
기대수익률	5%	5%	5%
표준편차	7%	7%	0%

"자, 날씨가 맑은 날에는 소비자가 아이스크림을 많이 사 먹는 대신 우산은 사지 않겠죠. 이를 단순하게 숫자로 표현하여, 날씨가 맑은 날의 아이스크림 회사의 수익률이 10% 그리고 우산 회사의 수익률이 0%라고 하도록 합시다. 반대로 비가 오는 날에는 아이스크림은 잘 안 팔리고 우산은 많이 팔릴 테니, 수익률도 반대로 아이스크림 회사의 수익률은 0%, 우산 회사 수익률은 10%라고 하지요. 만일 비가 오거나 날씨가 맑을 확률이 각각 0.5라면, 아이스크림 회사와 우산 회사의 기대수익률은 모두 5%가 되겠죠?

한편, 아이스크림 회사와 우산 회사의 수익률의 표준편차가 7%라고 가정한다면, 아이스크림 사업이나 우산 사업 하나에만 투자를 하게 될 때, 그 투자안의 위험은 7%가 될 겁니다. 하지만 만일 우리가 '분산투자Diversified Investment'를 하여, 즉 아이스크림 사업에 반, 우산 사업에 반을 투자한다면, 맑은 날이나 비가 오는 날 모두 5%의 수익을 기대할 수 있을 것입니다. 즉, 날씨에 따른 수익률의 변동이 없어지면서 위험이 사라지게 된 것이지요.

이렇게 제거할 수 있는 위험을 '분산 가능한 위험' 또는 '비체계적 위험Unsystematic Risk'이라고도 해요. 비체계적 위험은 각 기업이 개별적으로 갖게 되는 것이기 때문에, 다른 회사의 주식에 분산투자함으로써 제거할 수 있습니다. 반면 분산투자로 제거할 수 없는 위험도 있겠죠? 이는 '시장 위험' 혹은 '체계적 위험'이라고도 해요. 이 체계적 위험은 인플레이션이나 이자율처럼 시장의 전반적인 상황과 관련이 있기 때문에, 우리가 분산투자를 한다고 해도 제거할 수 없는 거죠. 이 그림을 한번 볼까요?"

포트폴리오의 위험

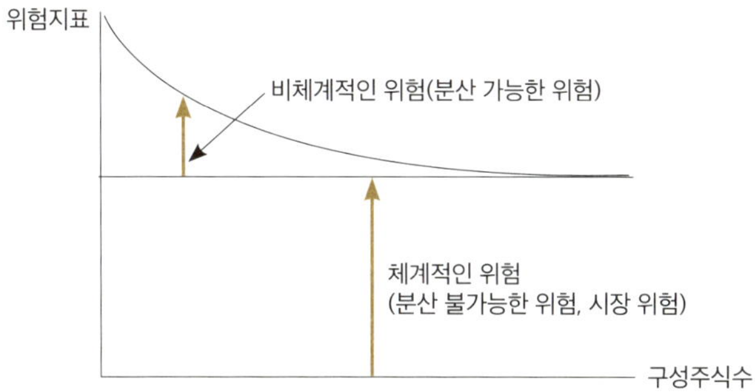

"그림을 보면 바로 이해가 될 거예요. 그림에서 보는 것처럼, 그림 가운데 가로로 그어진 선 위쪽에 있는 것이 바로 비체계적 위험이죠. 따라서 구성주식수가 많아질수록 비체계적 위험은 0에 가까워지는 거고요. 하지만 아래쪽의 화살표는 우리가 분산투자로도 제거할 수 없는 체계적 위험을 의미하고 있어요."

인한은 지금까지 김빛나 강사가 설명한 내용들을 노트에 진지하게 적어 두고 다시 한번 훑어보았다. 그때 김빛나 강사가 다시 입을 열었다.

"우리가 투자안의 기대수익과 위험을 고려하면서 꼭 한번 짚고 넘어가야 할 사항이 있습니다. 바로 '투자안의 기대수익은 위험과 비례하여 커지거나 작아진다'는 사실입니다. 즉 높은 기대수익을 원하는 만큼 그에 수반하는 높은 위험을 감내해야만 한다는 것이죠. 예를 들어, 우리가 '원유탐사 투자안'에 높은 수익을 기대한다고 할 때, 우리는 그만큼 위험이 높다는 것도 알아야 해요. 원유탐사에는 많은 불확실성이 존재하기에 분명 위험도 그만큼 높기 때문이죠. 여러분들도 여러분의 투자안을 평가할 때, 기대수익뿐만 아닌 위험에 대한 고려, 또한 기대수익과 위험을 복합적으로 고려해야 할 것입니다. 자, 여기 계시는 여러분들 중에는 지난 시간에 순현가법 강의를 들으신 분들도 계시겠죠? 따라서 순현가법과 연관하여 오늘 배운 내용을 정리하도록 하겠습니다."

인한은 그제서 지난 시간에 순현가법의 강의가 있었음을 알게 되었고, 미리 알았으면 더 많은 공부를 했을 텐데 하며 아쉬워했다.

"지난 시간 순현가법의 예제에서 우리는 투자안의 미래현금흐름을 할인할 때 그냥 주어진 할인율을 사용했습니다. 그때는 위험과 수익률의 개념을 배우기 전이었으니까요. 자, 이제는 이렇게 한번 해볼 수 있을 것입니다. 예를 들어, 두 가지 투자안이 있다고 해볼까요? 투자안 A는 원유탐사의 투자안이고, 투자안 B는 전력사업의 투자안이라고 해볼게요. 투자안의 현금흐름이 아래의 표와 같다고 가정해 보겠습니다."

(단위: 백만 원)

투자안	2025년	2026년	2027년
원유탐사	-10,000	7,000	7,000
전력사업	-10,000	6,000	6,000

“이때, 어느 투자안이 더 높은 순현가를 가질까요? 네, 맞습니다. 그것은 할인율의 크기에 달려 있을 것입니다. 그렇다면 두 투자안의 할인율은 어떻게 결정해야 할까요? 네, 그렇습니다. 원유탐사의 투자안은 그 위험이 전력사업의 투자안보다 훨씬 높기 때문에 미래의 현금흐름 역시 더 큰 수준의 할인율로 할인을 해야 할 것입니다. 자, 좀 더 쉽게 설명을 해볼까요? 예를 들어, 원유탐사 투자안의 할인율이 25%일 때 전력사업의 할인율은 5%일 수 있는 것이지요. 이럴 경우 두 투자안의 순현가는 각각 8천만 원과 1억1천6백만 원 정도가 됩니다. 그냥 볼 때에는 원유탐사 사업이 더 많은 수익을 가져다줄 것 같지만, 위험을 고려한 할인율로 순현가를 계산해 보면 전력사업이 오히려 더 바람직한 사업으로 판명이 나는 것이지요.”

그때 저쪽 한편에서 예리하게 생긴 한 남자가 손을 들고 질문을 했다.

“그렇다면 현실에서 투자안의 위험을 어떻게 평가하고, 또 이를 어떻게 할인율에 반영하지요? 어떤 특별한 모델이 있나요?”

“아주 좋은 질문입니다.”

인한은 자신도 똑같은 의문이 들었기 때문에 김빛나 강사의 답변에 귀를 기울였다.

"결국 위험을 어떻게 측정하느냐가 문제인데, 위험의 측정치로 가장 많이 사용되는 것은 '베타'라는 것입니다. 이러한 '베타'라는 위험측정치를 사용하여 한 회사의 주식이 갖는 기대수익률의 크기를 이야기해주는 모델로는 '자본자산 가격결정 모형Capital Asset Pricing Model, CAPM'이란 것이 있지요. 우리가 수익률의 분산을 하나의 위험측정치로 사용했던 것처럼 CAPM에서는 베타라는 것을 위험의 측정치로 사용하는데 그 정의는 아래와 같습니다. 베타는 결국 하나의 주식과 전체 시장이 어떤 상관관계를 갖는지를 측정한다고 할 수 있습니다."

> 주식 i의 베타Beta =
> 주식 i의 수익률과 주가지수 수익률의 공분산 / 주가지수 수익률의 분산

"결국, 주식 i의 주가가 전체 시장의 주가와 어떤 식으로 연결되어 움직이는가를 측정하는 베타가, 위험의 측정치로 중요하다는 것이지요. 전체 주식시장의 주가와 긴밀하게 움직일수록 위험이 더 높은 것이고, 덜 긴밀하게 움직일수록 위험이 적다는 것입니다. 예를 들어, 전체 주식시장과 0 또는 음의 상관관계를 갖고 있다고 여겨지는 '금Gold'의 경우 비록 그 자체 변동성은 매우 크지만, 전체 시장과의 상관관계를 나타내는 베타가 0이거나 음의 값을 갖게 되어 매우 위험이 낮은 상품으로 여겨지지요. 이러한 사실은 우리가 금을 비교적 안전한 재산보전수단으로 여기는 것과 일맥상통한다고 할 수 있어요. 베타가 측정이 되면 이것을 이용하여 아래와 같이 주식 i의 기

대수익률을 구할 수 있습니다."

주식 i의 기대수익률 =
무위험 수익률 + 주식 i의 베타 × (주가지수기대수익률 - 무위험 수익률)

"이 식에서 무위험 수익률로는 우리나라의 경우 통화안정채권 또는 국공채의 단기 수익률을 사용하지요. 주가지수 수익률은 코스피 지수 수익률을 이용하고요. 이 모델을 이용하면, 주식의 기대수익률을 구할 수 있습니다."

이번에는 인한이 손을 들어 질문을 했다.

"지금 말씀하신 것은 주식의 기대수익률인데, 이것하고 기업에서 투자안을 평가할 때 사용하는 할인율하고는 무슨 관련이 있는 것입니까?"

"오늘 수업에 참여하신 분들은 정말 머리가 비상하신 것 같아요. 하시는 질문이 모두 핵심을 꿰뚫고 있네요. 정말 좋은 질문입니다. 자, 이렇게 생각하도록 하겠습니다. 주식의 기대수익률이란 과연 무엇일까요? 이것은 주주가 기업에 자금을 공여하고 주주들이 기대하는 수익률이라 할 수 있습니다. 그렇다면 이러한 기대수익률을 기업의 측면에서는 어떻게 해석할 수 있을까요?

네, 그렇습니다. 기업의 측면에서는 '어떤 주주가 우리 기업에 자금을 대고, 이에 대한 보상을 저만큼 원하는구나'라고 생각할 수 있을 것입니다. 주주가 제공한 자본에 대한 비용, 즉 자기자본비용으로 해석되는 것이지요. 우리가 투자안을 평가할 때 사용하는 할인은 결국 자본비용이므로, CAPM으로 구한 주식의 기대수익률이 곧 자기자본비용이 되는 것입니다."

이때 인한은 또 다른 의문이 들었다.

'어, 자기자본비용이라고? 그렇다면 타인자본비용이란 것도 있나? 아 그렇지, 부채와 같은 것이 그런 것일 텐데. 그렇다면 타인자본비용은 어떻게 구하나? 그리고 자기자본하고 타인자본을 둘 다 사용하는 우리 기업 같은 경우에는 어떻게 할인율을 구하지?'

김빛나 강사는 마치 인한의 속마음을 읽은 것처럼 계속해서 설명을 해나가기 시작했다.

"여기서 자기자본비용에 대해 이야기를 하니 타인자본비용에 대해서 의문을 가지는 분도 계시리라 생각이 듭니다. 그렇습니다. 당연히 타인자본비용도 있지요. 기업의 경우 자기자본뿐만 아니라 타인자본도 사용하니까요. 타인자본비용을 구할 때는 여러 방법이 있지만 가장 많이 이용되는 방법은 '평균부채이자율'을 사용하는 것입니다. 기업에서 과거에 지불한 부채이자를 평균부채금액으로 나눈 것이지요. 그리고 이렇게 구한 타인자본비용과 자기자본비용을 부채의 비율과 자기자본의 비율로 가중평균한 '가중평균자본비용Weighted Average Cost of Capital, WACC'이 결국 한 기업의 자본비용으로 정의됩니다. 아래의 예를 보시면 쉽게 이해하실 거예요."

OO산업의 총자산: 100억 원

OO산업의 자기자본: 70억 원

OO산업의 부채: 30억 원

- CAPM으로 구한 자기자본비용(주식의 기대수익률): 15%
- 부채이자지급액: 1억 5천만 원
- 타인자본비용(=부채이자지급액/부채총액): 1억 5천만/30억 = 5%
- OO산업의 자본비용(할인율) =
  70억/100억 × 15% + 30억/100억 × 5% = 12%

인한은 어느 때보다 오늘 많은 궁금증을 해결한 것 같아 마음이 뿌듯했다.

"자, 오늘 강의는 여기까지입니다. 오늘 강의 유익했나요? 부디 여러분에게 많은 도움이 되었으면 하는 바람입니다. 다소 어려웠을 수도 있을 텐데 이렇게 끝까지 열심히 들어 주셔서 감사합니다. 모두들 눈빛을 보니, 제가 여러분에게 이런 강의를 했다는 것만으로도 나중에 큰 영광이 될 것 같아요. 사회의 각 곳에서 세상을 빛내는 멋진 사업가가 되길, 그래서 부와 명예와 또 사랑을 잡고 승리하는 여러분이 되길 바라겠습니다. 그럼 안녕히 가십시오."

김빛나 강사의 마무리 인사가 끝나자 모두들 큰 소리로 박수를 쳤다. 수업이 끝나자 강사에게 선물을 건네는 이도 있었고, 악수를 청하며 이런저런 질문을 하는 사람도 있었다. 그런데 인한은 수업이 끝났는데도 나가지 않고 자리에 앉아서 무언가를 열심히 들여다보고 있었다. 김빛나 강사는 수업 자료들을 정리한 후 인한에게 다가왔다.

“뭐, 문제라도 있나요?”

“아, 그런 건 아니고요. 그냥 좋은 강의 감사하다는 말씀 드리려고요. 이거, 이렇게 신세를 지고 언제 밥이라도 근사하게 한번 대접해드리고 싶네요.”

“네, 좋죠. 지금은 한창 바쁘실 때니까 사업에 몰두하시고요, 혹시라도 시간이 되시면 연락 주세요. 여기, 제 명함입니다.”

“네, 감사합니다. 여기, 이건 제 명함이에요.”

자동차가 그려진 산뜻한 명함을 건네받은 김빛나 강사는 미소를 지으며 공손하게 인사를 한 후 사라졌다. 인한은 김빛나 강사의 명함을 들여다보며, 그녀가 저녁 약속을 기꺼이 받아들였다는 사실에 설레었다. 오, 정말 특별한 강의라 할 만하다. 꿈이 아닌 이 특별한 만남에 기쁨이 가득한 채, 인한은 김빛나 강사가 지나간 자리를 한참 동안 바라보았다.

Chapter Summary

수익률과 위험

수익률이란, 사업을 통해 얻게 된 총수익에서 투자자가 투자한 금액을 빼고, 그것을 투자금액으로 나눈 것을 의미한다.

수익률 = (총수익-투자금액)/투자금액

이때 대부분이 수익률이 높은 사업을 하려고 한다. 하지만 현재 투자하려고 하는 사업이 미래에는 얼마만큼 매출을 올릴 수 있을지는 불확실하다. 이런 불확실성을 '위험'이라고 한다. 여러 투자자들이 있지만, 위험에 대한 태도를 기준으로 보통 다음 세 가지 유형으로 나눌 수 있다.

위험에 대한 태도

- 위험회피형: 다른 모든 조건이 같을 때 위험을 싫어하는 유형
- 위험중립형: 투자자의 의사결정이 위험에 대해 무관한 유형
- 위험선호형: 같은 조건하에서 위험이 없는 것보다 위험이 있는 것을 선택하는 유형

포트폴리오 이론

‘포트폴리오 이론’이란 기업이 가지는 고유의 위험을 제거하기 위해서, 분산투자를 하는 것을 의미한다. 이때 분산투자를 통해 제거할 수 있는 위험을 ‘분산 가능한 위험’ 또는 ‘비체계적 위험’이라고 하고, 분산투자로 제거할 수 없는 위험을 ‘시장 위험’ 혹은 ‘비체계적 위험’이라고 한다.

포트폴리오의 위험

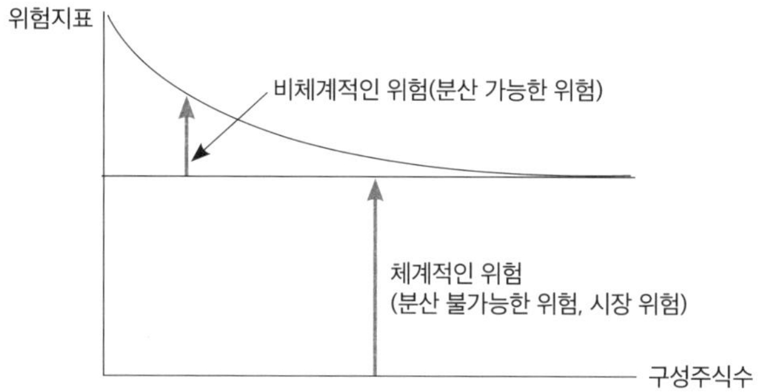

자본비용의 계산

(자기자본/자본) × 자기자본비용 + (타인자본/자본) × 타인자본비용

1. 자기자본비용: 베타 위험측정치를 사용한 CAPM 이용
2. 타인자본비용: 부채이자/평균부채규모
3. 가중평균자본비용: 자기자본비율, 부채비율로 자기자본 비용과 타인자본비용을 가중평균하여 기업 전체의 자본비용, 할인율로 이용

2 기업의 모습을 갖추기 시작한 Ping Car

기업을 운영하는 데 있어서 가장 신중해야 할 것은
바로 '자금'에 관련된 문제야. 어디서 자본을 끌어 와야 하며,
기업의 가치를 극대화시키고 가장 큰 이윤을 얻기 위해서는
자금관리를 어떻게 해야 할까? 모두들 관심은 있지만
기본적인 지식마저 부족한 자본조달에 대해서…
우선 구체적으로 알아 나가는 것이 중요할 거야.

3강

사업 자금을 어디서 끌어와야 할까?

우리의 자본은 어디서 조달해 오며,
최적의 자본구조는 어떻게 정하는 것일까?

전문가 채용, 본격적인 사업에 돌입하다!

인한은 사무실 문을 열고 들어온다. 오늘도 바쁜 하루의 시작이다. 그래도 건강을 챙겨야 할 것 같아, 새벽 6시에 일어나 헬스장에 들렀다가 간단하게 아침밥을 먹고 사무실로 들어왔다. 가벼운 마음으로 즐겁게 출근해야 하는 게 맞는데, 어쩐지 요즘은 아침마다 마음이 무겁다. 아니면 머리가 무거운 건지.

사무실 문을 열고 들어서기가 무섭게, 메모들이 눈을 가린다. 컴퓨터 화면 가장자리에 덕지덕지 붙어 있는 메모들. 그리고 책상 위에 수북이 쌓여 있는 결재 서류들. 물론 당연히 인한이 해야 할 일이지만, 왠지 하루에 끝내야 할 일들이 깔끔하게 정리되지 않는 것 같아 마음이 더 답답하다. 게다가 결재해야 하고, 또 결정해야 할 수많은 일들 중에는 자신이 전문적으로 알고 있지 않은 부분이 더 많아 항상 골머리를 앓아야만 했다. 병구와 삼촌에게 조언을 구하는 것도 실은 한계가 있었다. 매번 전화해서 물어볼 수도 없는 일이니 말이다.

사업이 계속 이렇게 호전된다면 사업 영역을 더 넓힐 수도 있을 텐데, 그러자면 정말 든든하게 옆에서 조언을 해주고 함께 회사를 이끌어 가 줄 사람이 필요하겠다는 생각이 들었다. 처음에야 간단하게 비서와 실무자 몇 명만 있으면 된다고 생각했지만, 천만에 말씀. 기업을 운용해 보니 실무자만큼이나 정말 필요한 것이 바로 함께 전략을 세우고 움직일 수 있는 사람이었다.

'그래, 채용을 하자!'

방법은 이것뿐이었다. 먼저 신문과 각종 유명한 사이트를 통해 채용광고를 내고, 삼촌 및 지인들을 통해 소개를 받기도 했다. 쫙 이력서를 받아 살펴본 다음, 면접을 보기로 했다. 최종 추려진 사람은 김앨런과 박버핏. 이 두 사람은 직접면접을 통해서 가려질 것이었다. 인한은 다른 수많은 질문보다도 실질적으로 재무에 대한 지식이 얼마나 풍부한지를 테스트해 볼 수 있는 문제를 찾아야겠다고 생각했다.

드디어 면접일.

김앨런과 박버핏은 말끔하게 차려입고 면접장에 나타났다. 약간 긴장된 듯 보였지만, 그래도 행동 하나하나가 매우 신중해 보였다.

"자, 두 분 모두 이리 들어오세요."

비서는 두 사람을 인한의 방으로 안내하고 자리를 비켰다.

"마지막으로 두 분이 남았기 때문에, 특별히 제 방에서 면접을 보기로 했습니다. 이미 이력서를 통해 여러분들의 경력사항과 화려

한 활동내역들을 살펴보았습니다. 다른 곳에서도 큰 활약을 하셨더군요. 저 또한 사업을 시작한 지 얼마 되지는 않았지만, 그렇기에 이 분야에 있어서만큼은 가장 능력 있는 분을 모시고 싶었습니다. 앞으로 Ping Car가 대기업으로 발전해 나갈 때까지 제 곁에서 오른팔이 되어 도와주셔야 하니까요. 자, 물론 두 분 중 한 분만을 채용할 계획에 있기 때문에, 아무래도 긴장이 되시겠지만 제 질문에 차분히 대답을 하셔서 좋은 결과가 있으셨으면 합니다."

"네, 알겠습니다."

인한은 삼촌의 조언을 토대로 차분하게 면접을 보기 시작했다. 두 사람 모두 뛰어났지만, 여러 면에서 보았을 때 아무래도 박버핏이 우리 사업의 성격과 좀 더 맞겠다는 의견 조합으로, 박버핏을 채용하기로 했다. 새로운 식구가 생겨 마음이 들뜨기도 했고, 매일 골치 아프게 쌓여 가던 책상 위의 서류들 때문에 골머리가 아팠던 걸 생각하니 속이 다 후련하기도 했다.

뛰어난 사람과 함께하게 되었으니, 인한은 그가 자신의 오른팔이 되어 든든하게 회사를 이끌어 주었으면, 하고 기대했다. 회사와 직원들이 하나의 꿈을 향해서 최선을 다해 나아갈 수 있다면 그것만큼 힘이 되는 게 어디 있겠는가. 모든 출발이 순조롭다는 생각도 들었고, 도와준 많은 사람들이 참으로 감사하게 느껴졌다.

기분이 우울할 땐 솜사탕을

이제 서서히 가을이 오려나 보다. 여름 한창을 견뎌낸 나무들이 서서히 붉은 빛을 띠려고 한다. 고민이 생길 때면 공원에 앉아 있기를 좋아하는 인한은, 선선한 가을 바람을 맞으며 회사 앞에 새로 생긴 공원의 한 벤치에 앉아 있었다. Ping Car의 성공적인 런칭에 이어, 광고 또한 좋은 반응을 보였다. 무인운전 소프트웨어도 안정적으로 자리를 잡기 시작했고, 쌓여 가는 결재 서류를 함께 처리할 든든한 파트너마저 있다는 게 인한에게는 얼마나 다행인지 몰랐다. 그러나 누군가 어느 책에서 그랬던가. 가장 여유로워 보이는 CEO의 머릿속은 언제나 사업에 대한 복잡한 생각으로 가득 차 있다고. 정말 그랬다. 인한은 오늘도 어제 점심시간에 버핏과 나누던 이야기를 떠올리며 곰곰 생각에 잠겨 있었다.

"자, 이거 받으세요."

한참 동안 생각에 잠겨 있는데, 누군가 분홍색 솜사탕을 불쑥 내민다.

"단 음식이 뇌 활동을 활발하게 만들어 준다잖아요. 기분도 좋아지고."

인한은 믿거나 말거나 솜사탕을 받아 들며 한입 크게 베어 먹었다.

"어제 점심시간에 나누던 이야기 때문에 이러고 계신 거죠?"

버핏은 꼭 족집게처럼 인한의 마음을 읽었다. 인한은 그냥 웃으면서 솜사탕을 조금씩 손으로 뜯어 먹고 있을 뿐이었다.

"자, 이 기사를 한번 보세요. 아침에 제가 보던 〈Wall Street Journal〉에서 흥미로운 기사를 하나 발견했어요. 이건 미국의 몇몇 회사의 부채비율에 관한 건데, 내용이 재밌더라구요. 분명 각 산업을 대표하는 회사들인데 부채비율이 제각각 달라요. 자, 여길 보세요. Microsoft의 부채비율은 0.34인데 비해 Berry Global의 부채비율은 4.09나 되죠. 부채비율이란 말 그대로 자산 중에서 부채가 차지하는 비율이니까, 이걸 보면 각 회사들이 자본을 조달할 때 얼마나 외부자금에 의존하는지를 알 수 있어요. 자, 한번 보세요."

미국기업의 부채비율

2022년 말 기준 〈Wall Street Journal〉

		자기자본 대비 부채비율			
회사이름	소속산업	회사	산업평균	산업 표준편차	산업중간값
Berry Global	포장	4.09	4.22	0.48	3.96
Rockwell	전기	0.90	1.89	1.79	0.61
Metlife	보험	0.51	3.92	0.66	2.71
Anheuser-Busch	주류	0.94	1.28	0.19	1.09
Under Armour	의류	0.87	1.73	0.07	0.94
Johnson & Johnson	의약품	0.35	0.91	0.89	0.25
Vulcan Materials	건축자재	0.52	1.12	0.06	0.94
Microsoft	소프트웨어	0.34	0.40	1.29	0.78

버핏은 오려낸 신문 한 장을 내밀었다.

"그렇군. 그런데 참 이상해. Microsoft처럼 큰 회사가 어째서 부채를 많이 사용하지 않는 거죠? 얼핏 생각하면 이 회사 같은 경우는 파산의 염려가 없으니까 채권자들도 안심할 거 아닙니까."

"물론 그렇죠. 하지만 잘 생각해 보세요. 부채가 적다는 건 부채를 조달할 때 드는 타인자본비용이 주식을 발행할 때 드는 자기자본비용보다 크다는 의미 아니겠어요?"

"그래요. 그렇다면 어째서 Microsoft는 타인자본비용이 큰 거죠?"

"자, 이렇게 한번 생각해 보죠. 만약 Microsoft가 파산할 경우를 한번 가정해 보는 겁니다. 채권단은 자기 몫을 챙겨 가려고 하겠지만, Microsoft 같은 소프트웨어 기업에서 채권단이 실제로 챙길 수 있는 게 얼마나 될까요? 소프트웨어 기업의 가장 큰 자산이 인적자산임을 고려한다면 말이에요. Berry Global처럼 유형자산의 가치가 큰 기업들은 파산을 하더라도 자산을 팔아 치우면 채권단에게는 손해가 적겠죠. 하지만 Microsoft는 그렇지 않아요. 뛰어난 인재들을 팔 수는 없는 일이니까요."

"그래, 그 말이 맞는 것 같아. 모든 기업이 같은 사업을 하는 건 아니니까, 각 기업의 특색에 맞는 최적의 자본구조가 있을 테지. 이게 우리가 나눈 이야기의 요점이었고."

"그리고 사장님은, 우리 회사의 자본구조에 대해서 고민하고 계셨고요."

"하하, 박 이사님 앞에선 절대 거짓말을 못하겠어요. 이거 뭐, 고민도 혼자 못 하겠네."

"혼자 고민하시면 되나요. 이렇게 든든한 파트너가 있는데요. 자, 그 문제는 기업에 있어서도 정말 중대한 문제니까, 우리 그만 사무실로 들어가서 긴밀히 이야기를 나눠 보도록 해요."

"그래, 그럽시다."

인한은 솜사탕을 다 먹고 남은 나무 막대기를 휴지통에 버리고, 버핏과 함께 사무실로 들어갔다. 버핏의 이야기를 듣자, 인한은 괜히 청승맞게 공원에서 고민하고 있던 자신의 모습이 떠올라 피식 웃음이 지어졌다.

'오늘은 버핏의 이야기에 집중해야겠군.'

자본구조는 기업의 가치에 어떤 영향을 미칠까?

"사장님, 자본구조의 개념에 대해선 이해하고 계시지요?"

"물론. 장기부채와 자기자본Owner's Capital의 합산으로 이루어지는 거겠죠."

"그렇죠. 그렇다면 그런 자본구조가 기업의 가치에 과연 어떤 영향을 미칠지, 또 영향을 미친다면 최적의 자본구조는 어떻게 될지, 실은 거기에 대한 고민이 가장 중요할 것입니다."

"그래요. 만약 타인의 자본을 많이 사용한다면 기업의 재무위험

알아 두기

- 자본구조Capital Structure : 장기부채 + 자기자본
- 자본구조정책: 장기부채와 자기자본의 적절한 결합을 통한 기업가치의 극대화 정책

자본구조정책의 주요 초점

1. 자본구조가 과연 기업의 가치에 영향을 미칠 수 있을까?
2. 자본구조가 기업의 가치에 영향을 미친다면 어떠한 비율로 타인자본과 자기자본을 결합하는 것이 기업의 가치를 극대화할 수 있는가?(특정 타인자본비율이 기업가치를 극대화할 때, 이를 최적자본 구조Optimal Capital Structure라고 한다)

이 커지겠지. 재무위험이 커지면 타인자본비용과 자기자본비용도 당연히 커지게 될 거고. 이렇게 개별자본비용들에 변화가 생기면, 결과적으로 이 개별자본비용들의 가중합으로 계산되는 가중평균 자본비용이 변하게 될 테니까, 결국은 기업가치에 영향을 주게 되겠군."

자본구조가 기업가치에 어떻게 영향을 미칠까?

과도한 타인자본 사용 → 기업의 재무위험에 영향 미침 → 재무위험은 다시 타인자본비용과 자기자본비용에 영향 → 타인/자기자본비용의 변화는 가중평균 자본비용에 영향 → 기업가치에 영향

"네. 그러니 자본구조와 기업의 가치는 확실히 서로 영향을 미치는 관계에 있죠. 하지만 정확하게 어떤 관계인지는 모르시죠?"

"음. 자본구조에 대해선 좀 더 이해가 필요할 것 같아요. 오늘 거기에 대해서 이야기해 주려 했던 게 아니었나?"

"하하, 물론 그렇습니다. 자, 자본구조를 이해하기 위해서는 먼저 MM 이론을 이해해야 합니다."

"MM 이론이라고요?"

"네. MM이란 미국의 재무학자인 모디글리아니Modigliani와 밀러Miller를 말하는 것입니다. MM의 주장은 재무관리분야에서 큰 파문을 일으켰지요. MM이 사용한 가정이 현실에서는 받아들여질 수 없는 것들이어서 비판과 논란의 대상이 되었습니다. 그러나 이후 그 가정들을 현실화하고 대리이론Agency Theory을 적용한 자본구조이론이 주요 연구대상이 되었지요. 따라서 자본구조를 이해하기 위해서는 이 MM의 이론을 이해하는 것이 중요합니다. 그 전에 먼저 완전자본시장에 대해 알고 있어야 하는데, 혹시 알고 계십니까?"

"글쎄. 간단하게나마 설명을 해줄 수 있겠어요?"

완전자본시장Perfect Capital Market

1. 법인세 등의 세금이 없다.
2. 거래비용이 없다.
3. 모든 정보가 모든 투자자에게 균등하게 전달된다.
   즉 정보의 불균형Information Asymmetry이 없다.
4. 시장가격에 영향을 미치는 독점적 지위를 갖는 투자자가 없다.
5. 자본조달에 제약이 없다.

"Perfect Capital Market이라고 하는 완전자본시장은 방금 제가 말씀드린 특징을 갖고 있어요. 그런데 이 중 1번과 2번이 MM 이론에서 가장 중요한 역할을 하죠. 즉 '세금이 없다'는 것과 '거래비용이 없다'는 가정 말입니다. 그런데 이런 '완전자본시장'이라는 가정을 하는 걸 사람들은 비현실적이라 여기며 싫어해요. 그럼에도 왜 이런 강력한 가정을 사용한 MM 이론이 가치가 있는 걸까요?"

"글쎄. 그 이론을 통해 뭔가 중요한 실마리를 찾을 수 있어서 그런 게 아닐까요?"

"네. 방금 말씀드린 가정들을 하나씩 하나씩 완화해 가면서 그 효과를 분석해 보면, 자본구조와 각 가정이 어떤 관련을 갖게 되는지 아주 쉽게 알 수 있거든요."

"아… 거 참 흥미롭군요."

"자, 그러면 먼저 MM 이론의 제1명제에 대해서 한번 이야기해 볼까요? 여기를 한번 보세요."

박버핏은 MM 이론의 제1명제에 대해 설명하기 위해 작은 동그라미 두 개를 그려 나갔다.

"MM 이론의 제1명제는 '파이Pie이론'이라고도 합니다. 즉 투자의사결정이 이미 주어진 상태에서는 기업의 자본구조와 기업의 시장가치 사이에 아무런 관련이 없다는 걸 '파이'에 빗대어 표현한 거지요."

"음… 그러니까 투자의사결정은 전체 '파이'의 크기를 결정하니까, 주주와 채권자가 서로 파이를 어떻게 나누든 간에 전체 파이의 크기에는 영향을 주지 못한다, 뭐 그런 뜻인가요?"

"네, 그렇지요."

"아, 그렇게 듣고 보니 참 쉽게 이해가 되는군요."

MM의 제1명제

완전자본시장하에서 기업의 가치는 그 기업의 자본구조와 무관하다.

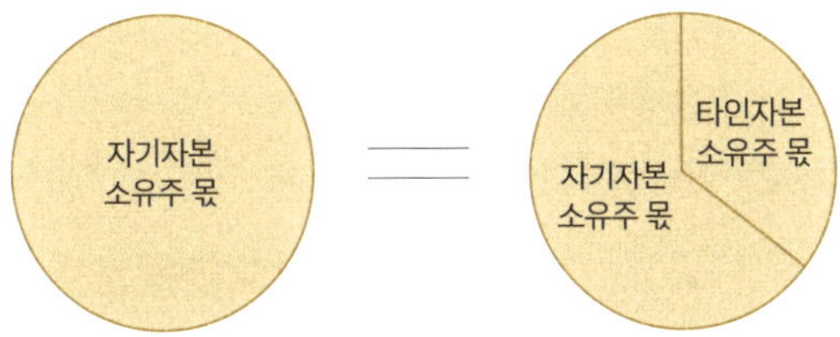

"네. MM 이론은 자본구조의 문제를 논리적으로 분석하는 사고의 틀을 제공했다는 점에서 재무관리의 학문적 발전에 크게 공헌했다고 할 수 있어요. 그러나 MM 이론의 결과가 현실 세계에 그대로 적용되는지에 대해서는 논란의 여지가 있죠. 부채비율이 기업가치에 아무런 영향을 주지 않는다면 기업들의 부채비율은 무작위적으로 분포되어 있을 텐데, 현실 세계를 살펴보면 산업에 따라, 혹은 기업의 성장 단계에 따라 부채의 비율이 다르잖아요. 그래서 학자들은 MM의 완전자본시장 가정이 비현실적이라는 데 초점을 맞추고 이것을 설명하려고 했어요.

MM 이론의 본질은 '주주와 채권자 사이에 파이를 어떻게 나누든지 전체 파이의 크기에는 영향을 주지 않는다'는 것인데, 시장이 완전하지 않은 경우에는 제3자가 파이의 일부를 차지하게 되어, 파이의 크기가 줄어들 수 있으니까요.

법인세가 있을 때를 한번 예로 들어서 설명해 볼까요?"

박버핏은 다시 한번 원 두 개를 그리고 설명을 하기 시작했다.

전액 자기자본조달 기업과 타인자본조달 기업

"자, 이런 경우는 아까와는 좀 다르죠? MM은 1963년에 '법인세를 고려한 경우'의 자본구조이론에 대한 논문을 발표했어요. 기업이 타인자본을 사용하는 대가로 채권자에게 지급하는 이자비용은, 법인세 계산 시 비용으로 처리되어 과세 대상에서 제외되죠. 하지만 자기자본을 사용하는 대가로 주주에게 지급하는 배당은 어떻게 될까요?"

"그야 법인세 납부 후 순이익에서 창출되는 거 아닌가요?"

"그렇습니다. 법인세가 있다고 가정하는 경우에는 타인자본을 사용하는 기업의 법인세가 자기자본만을 사용하는 기업의 법인세보다 적게 됩니다. 기업가치란 결국 타인자본과 자기자본의 합이지요. 따라서 법인세를 적게 낸다는 것은 타인자본을 제공한 채권자와 자기자본을 제공한 주주에게 돌아가는 매 기의 현금흐름이 많다는 것을 의미하고, 매 기의 현금흐름이 많다는 것은 결국 기업가치가 높다는 것이 되지요. 따라서 타인자본을 사용한 경우의 기업가치가 더 높게 되는 것입니다."

"음. 기업의 가치란 자기자본소유주의 몫과 타인자본소유주의 몫을 합한 것이니까, 그림에서 보면 기업가치가 높은 것은 법인세를 덜 내는 기업 쪽이군."

"그렇죠. 그래서 법인세 부담이 적을수록 기업의 가치가 증가한다는 결론이 나는 거죠. 그래서 아까 법인세가 없을 때를 가정했을 때의 명제에서 '법인세가 있을 때'로 가정이 완화된 MM의 제1명제는 이렇게 될 겁니다."

법인세가 고려된 MM의 제1명제

완전자본시장의 가정에서 법인세가 있다고 가정을 완화할 경우, 부채를 사용하는 기업의 가치는 부채를 사용하지 않는 기업의 가치보다 법인세 감세효과의 현가Present Value만큼 크다.

"그렇다면, 아까 이야기했던 파산비용을 고려할 때의 자본구조에 대한 이론도 있나요?"

"물론이죠. 빠뜨릴 수 없는 고려사항이 바로 '파산'에 대한 내용일 겁니다. 왜냐하면, 법인세를 고려하면 부채를 많이 쓰는 것이 기업가치를 증가시키는데, 부채를 많이 사용하면 파산의 가능성이 높아져 부채를 무한정 쓸 수는 없는 노릇이니까요."

"아, 역시 그랬군요. 실은 그럴 거란 생각이 들었는데 자신이 없어서 이야기를 못했거든요."

"참, 사장님도. 그럼 우선 파산비용에 대해 이야기를 해보도록 하겠습니다. 기업이 부채를 사용하게 되면 이자와 원금을 정해진 시일에 상환해야 합니다. 이러한 지급의무를 다하지 못했을 때 우리는 기업이 '지급불능상태Insolvency'에 빠졌다고 합니다. 이러한 지급불능상태가 장기간 지속되고 기업이 근본적으로 지급불능상태를 벗어나기 힘들 때, 이러한 상태를 '파산Bankruptcy'이라 하지요. '파산비용'이란 기업이 이러한 파산상태에 빠졌을 때 생겨나는 비용을 의미하고요.

그런데 위의 법인세가 포함된 MM 이론에서는 이러한 파산비용은 고려하지 않았습니다. 파산비용을 고려하면 MM의 이론은 다시 약간 변화하게 됩니다. 기업이 부채를 많이 사용하면 경제 상황이 여의치 않아 현금흐름이 나빠질 경우, 파산할 가능성이 더 높아지므로 이러한 확률을 고려한 기대파산비용도 높아지게 되지요. 높아지는 기대파산비용이 결국 부채사용의 장점인 법인세 감세효과를 상쇄하게 되고, 부채를 계속 증가시키게 되면 어느 시점에서는 기대파산비용이 기업가치에 미치는 부정적 효과가 법인세 감세의 긍정적 효과를 압도하여 부채를 증가시킬 때 기업가치가 하락하게 되지요."

"아, 그러니까 부채를 이용하면 법인세 감세효과도 있고, 기대파산비용이라는 손실도 동시에 생기게 된다, 이런 의미네요."

"네. 따라서 이 두 가지 요소를 한꺼번에 고려했을 때 기업가치를 극대화할 수 있는 최적자본구조를 생각해 볼 수 있을 겁니다. 자, 제가 그림으로 한번 그려 보겠습니다."

기대파산비용

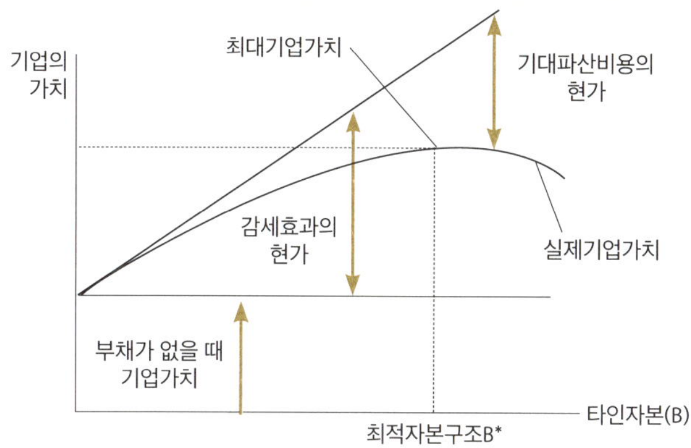

"음. 그림을 설명해 줄 수 있겠어요?"

"물론입니다. 자, 그림을 한번 보세요. 그래프를 잘 보시면, 법인세만 고려할 경우 기업의 가치는 부채를 많이 사용할수록 더 커지게 됨을 알 수 있죠. 하지만 여기에 파산비용을 고려하면 부채가 증가할 때 얻는 법인세 감세효과의 현가와 기대파산비용이 함께 작용을 해서 기업가치가 계속 증가하지 않고 어느 정도의 부채 이상에 서는 기업가치가 감소함을 알 수 있습니다. 즉 B*에서 기업의 가치가 최대가 됩니다. '최적자본구조'를 갖게 되는 거지요. 이것을 바로 '상충이론Trade-off Theory'이라고 합니다."

"아, 부채 사용의 긍정적 효과와 부정적 효과가 서로 상충된다고 해서 상충이론이라고 하는 거군요."

"사장님, 아까 완전자본시장을 이야기했을 때 세 번째 가정이 무엇이었는지 기억나십니까?"

"물론이죠. 정보의 불균형에 대한 가정 아니었습니까?"

"역시 사장님은 정말 대단하십니다. 맞습니다. 정보의 불균형 역시 자본구조이론에 있어서 매우 중요한 변수입니다."

"그래요? 정보의 불균형이란 '내가 아는 것을 상대방은 모른다'는 것인데 그것이 어떻게 자본구조에 영향을 미치게 되나요?"

"제가 한번 예를 들어 설명해 보겠습니다. 사장님은 만일 김병구 회장님이 오셔서 '인한아, 내가 이번에 물로 가는 자동차를 만들었는데 자금이 조금 부족하네. 너 이번에 1억만 투자해라. 그럼 내가 가진 1억하고 합쳐서 2억으로 공장을 짓고 상품을 만들게. 그래서 내년에 10억의 수입을 얻으면 50%인 5억을 돌려줄게'라고 하시면 어떻게 하시겠습니까? 단, 이 문제에서 한 가지 가정은 어느 누구든 얼마든지 자유롭게 은행에서 돈을 빌리고 갚을 수 있다는 것입니다."

"아니, 박 이사, 그걸 말씀이라고 하십니까? 병구 일인데 당연히 제가 출자를 하겠지요. 아차, 그게 아니군요. 은행에서 돈을 쉽게 빌리고 갚을 수 있다면, 만일 병구가 은행에 가서 돈을 빌려서 이 사업을 추진하면 1년 뒤에 원금과 이자, 뭐 이자가 10%라 가정하면 1억 1천만 원만 은행에 갚으면 되니까 나에게 자금을 받을 때보다 훨씬 이득일 텐데…. 그렇다면, 이 경우는 내가 돈을 출자할 필요가 없는 경우가 되는군요. 병구가 왜 나에게 왔는지 모르겠는데요?"

"네, 맞습니다. 이 경우는 김 회장님이 사장님의 출자를 받을 이유가 하나도 없는데 출자를 부탁하는 것이니 사장님께서 출자하실 필요가 전혀 없지요. 하지만 여기서 '우리가 돈을 은행에서 언제든지 쉽게 빌리고 갚을 수 있다'는 가정이 현실과 매우 어긋나기 때문에 우리는 많은 경우에 있어서 친구가 와서 출자를 권유하면 출자를 하곤 합니다. 왜 그럴까요?"

"글쎄요. 은행이 병구의 사업계획을 잘 모르고 또 병구에 대해서도 나보다는 잘 모르니까 은행이 자금을 대주지 않을 것이지만, 나는 병구에 대해 어릴 때부터 잘 알고, 그 녀석이 얼마나 열심히 일하는 사업가인지를 아니까 병구의 계획을 믿어서 출자하는 것이 아닌가요?"

"그렇습니다. 사장님과 김 회장님 간의 정보의 불균형이, 은행과 김 회장님 간의 정보의 불균형보다 훨씬 작기 때문에 사장님은 김 회장님에게 자본을 투자하지만, 은행은 그렇지 못한 거지요. 이처럼, 자본조달에 있어서 정보의 불균형이 개입을 하게 되는 것입니다. 정보의 불균형이 심한 사업을 하는 기업일 경우, 정보의 불균형에 따른 손해가 가장 적은 자본조달 수단부터 이용하게 되는데 이것이 바로 '자본조달의 순위이론Pecking Order Theory'이라는 것이지요. 외부의 투자자들은 사업이 잘 될지 안 될지를 모르기 때문에, 사업에 대해 모르면 모를수록 더 높은 투자수익률을 요구하게 되지요. 높은 투자수익률을 기대하는 것은 기업에게는 높은 자본비용으로 잡히기 때문에 기업 입장에서는 외부의 투자자들이 가장 개입이 안 되는 내부유보자금을 먼저 사용하고 그다음에 부채, 그리고 마지막으로 주식을 통한 자본조달을 하게 된다는 것입니다."

"휴, 나는 그저 기업에서 자본을 조달할 때 주식이나 부채를 그때그때 상황에 따라 하는 줄만 알았는데, 사실 그 뒤에는 엄청난 이론이 있는 것이군요. 오늘 정말 많이 배운 것 같습니다."

인한은 흐뭇하게 웃으면서 버핏이 이야기해 준 것들을 머릿속으로 한번 정리했다. 그러다 시계를 보는 순간, 시간이 벌써 이렇게 된 것을 몰랐던 터라 깜짝 놀랐다.

"오, 이런! 벌써 5시가 넘었어요. 신입사원 교육 준비도 해야 할 텐데, 내가 너무 오래 붙잡아 뒀군요."

"아닙니다. 저에게도 꼭 필요한 시간이었는걸요."

"자, 이제 얼른 가봐요. 오늘만은 일찍 보내드리고 싶었는데 이거 참…."

"그런 말씀 마세요. 그리고 아직 가기엔 일러요. 한 가지 중요한 걸 같이 하셔야죠. 오늘 그것 때문에 이렇게 오랜 시간을 투자한 건데요."

"아아, 그렇지. 내 정신 좀 봐. 우리 회사의 최적자본구조를 구하자는 게 오늘의 주제였구나."

"그렇죠. 자 앞에서 배운 상충이론을 이용해서 한번 구해 보자구요."

두 사람은 머리를 맞대고 열심히 이야기를 주고받았다. 무언가 열심히 메모장에 그리는 듯하더니, 30분쯤 지나서 버핏이 말했다.

"그러면 우리 회사는 약 33%의 부채비율이라고 할 수 있겠네요."

"그렇겠네요. 이는 곧 '부채:자기자본'이 '1:2'이라는 말과 같고요."

"네, 맞습니다. 금세 이해를 하시는걸요. 역시 사장님은 다르십니다."

"에이, 그런 말씀 하지 마세요. 그러잖아도 없는 밑천이 자꾸 드러나는 것 같아 항상 부끄럽습니다. 자, 이제 꾸물거리지 말고 얼른 나머지 일 처리해 놓고 들어가세요. 가족들과 저녁 먹은 지도 오래됐을 텐데."

"네, 알겠습니다. 걱정 마십시오."

인한은 자료들을 챙겨 나가는 버핏을 보면서 흐뭇한 웃음을 지었다.

'이럴 게 아니라 오늘 함께 이야기한 것들을 한번 정리해 봐야겠군.'

인한은 요즘 처음 사업을 시작할 때보다 더 열정적이다. 이론과 실무, 두 가지에서 모두 완벽해질 수는 없겠지만 그래도 한 기업의 CEO로서 두 가지 면에서 최고가 될 수 있도록 최선을 다하고 싶었다. 그래야만 기업이 커졌을 때 직원들 앞에서 이야기할 거리라도 생기지 않겠는가.

물론 그것이 전부는 아니었다. 아니, 그것은 아주 일부분에 불과했다. 인한에게 정말 중요한 것은 학습과 그것을 현장에 적용시키는 것이었다. 누구보다 멋진 기업, 어디보다 앞서 나가는 기업을 만들기 위해 끊임없이 배우고, 실행하고, 실패 가운데서 깨달아 나가야 할 것이었다.

오늘도 인한은 해가 뉘엿뉘엿 져가는 창밖을 잠시 동안 바라보고 있었다. 산 언저리에서 빙빙 원을 그리며 돌고 있는 새들이, 마치 Ping Car의 밝은 미래를 알려 주는 듯 힘차 보였다.

반가운 그녀의 전화

박버핏과의 호흡은 그 어느 때보다도 잘 맞는 것 같았다. 정말 든든한 오른팔 역할을 충분히 해내고 있는 버핏 덕분에 좋은 사람들도 많이 채용했다. 모두 "국내 최고, 나아가 세계 최고의 무인택시 운영자가 된다"는 회사의 비전을 향해 열심히 뛰고 있었다.

얼마 전에는 전사적인 워크숍을 통해 팀워크를 다지는 시간도 가졌다. 한 사람 두 사람 직원이 늘어날수록, 서로에 대해 잘 모르는 경우가 종종 있었다. 또 제각기 업무가 바쁘다 보니 각 부서별로 얼굴을 마주하고 이야기를 나눌 시간이 없었던 것도 사실이다. 작은 회사에 '창립 멤버'랄 것도 없지만, 행여 창립 멤버와 새로 고용된 직원들 간의 의사소통이 원활하지 못해 괜한 오해를 사는 일도 없어야 하겠기에, 인한은 자주 이런 기회를 가져야겠다고 생각했다.

신입사원들이 준비한 즐거운 레크리에이션과 화목한 저녁 만찬을 즐긴 후, 기업이 앞으로 나아가야 할 방향에 대해서 각 팀별로 준비한 프레젠테이션을 하는 귀한 시간도 가졌다.

워크숍에서 돌아온 직원들은 한층 더 힘을 내서 일하는 것 같았다. 이렇게 사기를 북돋워 주는 기회를 마련하기까지는 버핏의 공이

켰다. 아직은 여러 가지로 갖출 게 많은 인한에게, 경험이 많은 버핏은 이런저런 조언을 해줌으로써 인한이 CEO로서 한 걸음 한 걸음 잘 나아갈 수 있도록 도와주었다. 나중에 절대 무너지지 않도록 하나하나 단단하게 'Ping Car'라는 성을 쌓아 나가야 하기에, 인한은 그 어느 때보다 진지했다.

그러던 중 인한은, 주식을 통한 자본조달을 실천으로 옮겨야겠다는 생각을 하게 되었다. 현재까지는 은행을 통하여 조달한 부채와 초기 사업자금, 그리고 이익을 유보한 내부자금으로 자본조달을 하였으나 점차 사업의 규모가 커짐에 따라 대규모의 자금이 필요하게 된 것이다.

"휴, 어떻게 해야 하나? 박 이사와 상의를 해봐야 할 것 같은데…."

인한은 책을 뒤적이며 고민을 하던 중 걸려 온 한 통의 반가운 전화를 받게 되었다.

"아니, 이게 누구세요? 빛나 씨 아닙니까. 잘 지내셨어요?"

"그럼요. 잘 지내셨어요, 인한 씨?"

"이런, 제가 너무 무심했습니다. 먼저 연락을 드렸어야 하는데, 바쁘다는 게 적절한 핑계가 아닌 줄을 알면서도 그 핑계밖엔 댈 것이 없네요."

"무슨 말씀을요. 요즘 누구보다 바쁘시다는 거 잘 알고 있습니다. 요즘 인터넷 사이트에서 'Ping Car' 하면 모르는 사람이 없던데요, 뭘. 저도 기회 되면 무인택시를 꼭 한번 타보고 싶은 걸요."

"아, 그러세요? 그럼 제가 직접 모셔 드려야죠. 그런데, 설마 그저 제 안부를 묻고 싶어 전화를 하신 건 아니실 텐데…."

"에이, 그렇게 말씀하시니 서운한데요? 호호. 실은 데이트 신청을 하려고 했는데, 요즘 너무 바쁘신 것 같아 살짝 뒤로 미루고요. 제가 잘 아는 투자은행가Investment Banker가 있는데 소개해드리려고요."

"투자은행가요? 무슨 특별한 이유라도…."

"대규모 장기자본조달에 대해서 고민하셔야 할 때가 된 듯해서요. 제가 인한 씨 마음을 너무 잘 읽지요?"

"하하하. 그렇네요. 그러잖아도 요즘 장기자본에 대해서, 그중에서도 주식에 대해서 많은 관심을 갖고 있던 터였습니다. 저희 박 이사와 같이 만나야 할 것 같네요."

"네. 연락처 하나 받아 적으시고요. 괜찮은 시간에 서로 통화하셔서 만나 보시면 좋을 것 같아요."

"네, 감사합니다. 늘 제가 받기만 하는 것 같아요. 조만간 정말 데이트 한번 신청해도 될는지요."

"물론이에요, 저야 영광이죠. 그럼 또 연락드리겠습니다. 건강 잘 챙기시고요."

"네, 감사해요. 빛나 씨도 잘 지내세요!"

김빛나 강사의 전화를 끊은 인한은 고마움과 설렘에 어쩔 줄을 몰랐다. 마침 투자은행가를 소개해 주어서 반갑기도 했고, 손수 이렇게 전화를 하고 '데이트'라는 말도 언급을 해주다니. 인한은 꿈을 꾸는 것만 같았다.

'아차, 이럴 때가 아니구나!'

인한은 버핏을 불러 상황을 설명하고 다음날 미팅 약속을 잡았다.

장기자본조달이란?

"안녕하세요, 정말 반갑습니다!"

점잖으면서도 호탕하게 생긴 남자는 반갑게 손을 내밀며 인한에게 악수를 청했다. 버핏도 함께 반갑게 인사를 나눈 후, 세 사람은 넓고 편안하게 생긴 테이블 앞에 앉았다. '이은성 상무'라고 자신을 소개한 사람은 준비한 자료들을 하얀 벽면에 펼쳐 보이면서 설명을 시작했다.

"장기자본조달에 대해서 들어보셨지요?"

"네."

"자, 우리는 사업을 할 때 흔히 '최소한의 자본을 투자해 최대한의 이익을 끌어내는 것'을 목표로 합니다. 그렇지요? 이때 필요한 자본은 여러 가지 방법을 사용해서 조달할 수 있어요. 이러한 여러 가지 자본조달 방법을 흔히 단기와 장기로 나누기도 하지요. 즉 유동자산을 확보하는 데에는 단기의 자금을 사용하고, 고정자산을 구입하는 것과 같이 장기의 자금이 잠겨 있어야 할 때는 장기자본을 조달하지요. 장기자본에는 주로 회사채와 주식을 사용하는데, 이 중 주식은 여타 자본조달 수단과는 다른 독특한 성격을 갖고 있어요. 혹시 무엇인지 아시겠습니까? 주식이 갖는 특성을 생각하면 쉽게 답하실 수 있을 텐데요."

"흠, 주식은 주주로서 회사 재산에 대한 청구권이기도 하지만, 주주총회에서의 투표권을 상징하기도 하잖아요? 이 상무님."

인한이 이은성 상무에게 되물었다.

"맞습니다. 강 사장님. 정말 소문대로 경영에 대해 꿰뚫고 계시군요. 주식은 청구권이면서 투표권이 있으므로 주식을 통해 자본조달을 할 경우에는 기업의 지배구조Corporate Governance를 고려해야 합니다. 이처럼 장기자본조달은 때로는 기업의 지배구조와 같은 중요한 의사결정을 같이 하는 것이므로 단기자본조달과는 매우 다른 접근을 해야 하지요."

이은성 상무의 긴 설명이 끝나자, 인한과 버핏은 고개를 끄덕이며 잘 알겠다는 표시를 해주었다.

"자, 질문이 있으실 때는 언제든 말씀만 해주십시오. 어차피 오늘 이 시간은 '과외'의 개념이니까 언제든 주저하지 마시고 중간에 끼어들어 질문을 하셔도 괜찮습니다. 자, 앞서 제가 장기자본조달에 대해 말씀을 드렸습니다. 그렇다면 이제는 궁금한 점이 생기시겠지요? 즉 장기자본조달을 결정할 때 고려해야 할 사항들이지요. 장기자본조달을 하는 데 있어서 세 가지 고려사항이 있어요. 다음을 살펴볼까요?"

1. 자본비용

각 증권(회사채, 주식 등)들은 그 특성과 내포된 위험에 따라 서로 다른 자본비용을 갖게 된다. 또한 한 증권의 발행이 다른 증권의 자본비용을 변화시킬 수 있다. 가능한 한 자본비용이 적은 조달방법을 택해야 한다.

2. 조달기간

장기자본조달의 경우는 회사채를 발행하거나 주식을 발행해야 하는데, 이는 짧게는 몇 달에서 길게는 1년 이상이 걸릴 수도 있다. 자금이 신속하게 필요한 경우는 자본비용의 고려보다도 조달하는 데 필요한 기간이 더 중요할 수도 있다.

3. 기업지배구조

회사채의 경우는 파산이 아닌 이상 기업의 지배구조를 염려할 필요가 없으나 주식 발행의 경우는 지배구조의 영향을 고려해야 한다.

"자, 여기까지, 혹시 질문 있으신가요?"

"장기자본조달에는 결국 회사채의 발행과 주식의 발행이 있는 건가요?"

"네 그렇습니다. 회사채란 회사가 일반 대중들에게 자금을 장기로 빌리고 원금과 이자를 갚겠다는 약속을 한 증권이지요. 회사채는 이자비용의 감세효과가 있어서 기업가치를 높일 수 있고 기업의 지배구조에도 영향을 안 미치는 장점이 있지요. 단, 한 가지 조심해야 할 점은 기업의 레버리지를 증가시켜 파산위험이 늘어날 수 있다는 것입니다. 파산위험이 늘어나게 되면, 결국 여타 자본을 제공한 자본주들이 요구수익률을 높일 것이고 이는 자본비용의 상승을 의미하지요."

"음… 설명을 잘 해주신 덕분인지 회사채를 통한 장기자본조달은 그 장단점을 쉽게 이해할 수 있군요. 하지만 주식을 통한 장기자본조달은 이것보다는 더 복잡할 것 같은데요. 기업지배구조에의 영향도 있고 해서요."

인한의 질문에 은성은 웃으면서 말을 이었다.

"네 그렇죠. 주식을 통한 장기자본조달은 훨씬 복잡하지요. 따라서 우선 주식의 종류부터 알아보는 것에서 시작하는 것이 좋습니다. 주식에는 보통주와 우선주가 있죠. 보통주는 회사채와 함께 기업에서 자금조달을 할 때 가장 많이 사용하는 증권입니다. 보통주는 아까 이야기했듯이 주주의 회사재산에 대한 청구권과 기업경영에 직접 참가의 권한으로 의결권이 포함되어 있습니다. 반면, 우선주는 보통주에 비해 더욱 강화된 청구권을 갖죠. 배당이나 잔여재산의 분배에 있어서 보통주에 비해 우선적인 지위를 갖는 것입니다."

"아, 네. 설명은 이해가 잘 됩니다. 하지만 아직 제가 '보통주'나 '우선주'의 개념 정도만을 이해하는 것 같습니다. 실제로 이러한 주식을 발행하여 자금조달을 하려면 그 절차가 있을 것 같은데요."

"네, 그렇잖아도 잠시 언급을 하려던 차였습니다. 주식을 발행하는 형태에는 세 가지 정도가 있습니다. 첫째, 주식회사를 설립할 때 주식을 발행하고, 둘째, 증자를 할 때 주식을 발행하고, 셋째, 기업 공개를 할 때 주식을 발행하게 되죠. 이 중에서 현재의 Ping Car에서 가장 중점을 두고 고려해야 할 사항이 바로 기업공개입니다."

"기업공개요? 그게 무슨 뜻이죠?"

"기업공개Going Public or Initial Public Offering, IPO란 증권거래소가 정한 일정한 자격을 갖춘 기업이 새로운 주식을 발행하거나 기존의 주식을 일반 투자자에게 매도하는 것으로, 기업의 자금조달이 주식을 통해 일반 투자자로부터 직접금융방식으로 이루어지는 것을 의미합니다. 기업이 공개되면 결국 소유와 경영의 분리가 일어나게 되고, 경영공시가 의무화됨에 따라 경영합리화가 촉진되며, 일반 투자자가 주식을 통해 생산수단을 간접적으로 소유함으로써 투자자의 재산을 증식시킬 수 있는 수단이 되는 것이죠. 이처럼 '기업공개'는 국민경제 전체의 관점에서도 매우 중요한 의미를 갖는 것입니다."

알아 두기

기업공개에 의한 주식발행

기업공개 시 저가발행Underpricing에 관한 설명

저가발행은 기업공개를 하는 비용을 증가시킨다. 연구에 따르면, 기업공개 시 실제로 그 회사가 가지는 가치보다 더 낮은 가격으로 주식이 발행된다고 한다. 그렇기 때문에 때때로 기업공개를 하는 기업에게는 골칫거리가 될 수 있다. 하지만 투자자에겐 저가발행된 IPO주식이 좋은 기회Free Lunch가 될 수 있다. 그렇다면 왜 저가발행을 하는 것일까? 이에 대한 여러 가지 의견이 있다.

① 인수업자의 입장

기업공개를 할 때는 보통 인수업자Underwriter가 기업으로부터 전액을 인수한 후 시장에 공모하여 판매하게 된다. 만약 공모가격을 너무 낮게 잡으면 기업공개 시의 공개하는 기업의 비용을 증가시킬 것이다. 그렇기 때문에 인수업자는 최대한 가격을 높게 잡아서 발행기업의 관심을 끌려고 하겠지만, 공모가격이 너무 높으면 시장에서 잘 팔리지 않게 될 것이고 인수업자의 평판에 흠이 생기게 된다. 따라서, 본인의 평판에 신경을 쓰는 인수업자는 저가발행을 하게 된다.

인수업자는 발행기업보다 시장상태에 대해서 더 많은 정보를 가지고 있기 때문에 발행가격을 정할 때 더 많은 영향력이 있을 것이다. 만약 인수업자와 발행기업의 관심사가 같다면 괜찮겠지만 대부분 그렇지 않다. 발행기업의 목적은 기업공개를 통해 가능한 한 많은 자본을 조달하는 것이다. 하지만 인수업자는 발행가격을 충분히 낮춰서 큰 노력과 위험 없이 발행한 주식을 모두 파는 것이 관심일 것이다.

만약 발행가격을 충분히 낮추지 않았을 때, 공모한 주식의 수익률이 좋지 않을 수도 있다. 이러한 경우 투자자의 법적소송에 휘말릴 수도 있어서 인수업자가 저가발행을 한다는 주장도 있다.

② 발행기업의 입장

때때로 기업들은 가까운 미래에 유상증자할 것을 염두에 두고 기업공개를 하는 경우가 있다. 이러한 경우 기업들은 유상증자 전에 시장의 반응이 어떠한지 알아보기 위한 목적으로 기업공개를 할 수도 있다. 기업공개를 통한 시장의 반응이 괜찮다면, 이어서 유상증자를 통해 추가적인 자금을 조달하는 것이다. 기업공개 시에 저가발행하는 것은 유상증자를 할 때 투자자에게 좀 더 좋은 인상을 줄 수 있는 유인이 되기도 한다.

③ 투자자 간의 정보 비대칭

투자자들이 모두 같은 양의 정보를 가지고 있을 수는 없다. 여러 조사 등을 통해 정보를 많이 가진 투자자는 공모된 주식이 정말 저가발행되었을 때만 구입을 할 것이다. 반면, 상대적으로 정보가 적은 투자자는 정말로 저가발행된 것인지 알 수 없기 때문에 그들이 구입하는 주식 중에서 '양질'의 주식은 굉장히 적은 부분을 차지하게 될 것이다. 곧, 공모된 주식이 저가발행되지 않았다면 이러한 투자자들은 돈을 잃게 된다. 이러한 현상을 '승자의 저주Winner's Curse'이라고 한다.

만약 IPO주식이 진정으로 '저가' 발행된 것이 아니라면, 정보가 많은 투자자는 사지 않을 것이고, 그렇지 않은 투자자는 IPO주식을 샀다고 하더라도 결국에는 돈을 잃게 되어 '승자의 저주'를 겪을 수 있다. 이런 '승자의 저주' 때문에 정보가 부족한 투자자는 IPO 주식을 사는 것을 꺼리게 될 텐데, 이런 투자자들로부터 투자를 유인하기 위해 인수업자는 공모가를 저가로 책정하게 되는 것이다.

④ 투자자와 인수업자 간의 정보 비대칭

기업을 공개할 때 공모주 가격을 예측하기 위해서 주간사가 사전에 공모주식을 파악하는 제도를 수요예측제도Book Building라고 한다. 이런 수요예측 과정 중에서 인수업자는 잠재적인 투자자들로부터 정보를 모집하게 된다. 만약 투자자들이 기업공개에 대해 크게 긍정적인 반응을 보인다면, 인수업자는 공모가격을 올릴 것이고, 반응이 별로라고 생각되면 공모가격을 낮출 것이다. 투자자는 이 사실을 알고 있기 때문에 기업공개에 대한 그들의 의견을 왜곡할 가능성이 있다. 특히, 가능한 낮은 가격에 주식을 사기 위해서 기업의 사업설명서에 대해 부정적인 입장을 취할 수도 있다.

때때로 시장에 마켓리더Market Leader들이 존재할 때, 주간사는 정확한 정보를 얻는 데 더 어려움을 느낀다. 마켓리더가 존재하면 이들의 결정이 나머지 소수 투자자들에게도 영향을 미치기 때문이다. 소수의 투자자는 자신들의 정보가 있더라도 이를 무시하고, 마켓리더의 결정을 따라갈 유인이 크다. 만약 마켓리더가 기업공개 시에 참여하지 않는다면, 소수 투자자들은 자신의 정보와 상관없이 회피하게 될 것이고, 그 기업공개는 실패하게 될 것이다.

그렇기 때문에, 인수업자는 투자자로부터의 정보에 크게 반응하지 않는다. 곧, 투자자들은 저가로 발행된 주식을 사기 위해서 굉장히 긍정적인 신호를 보내야 할 것이고, 이를 바탕으로 인수업자는 공모가의 가격을 낮추게 된다.

출처: *Financial Markets and Corporate Strategy,* Mark Grinblett, Sheridan Titman, MC-GrawHill, 1998.

"오늘 설명 잘 이해가 되셨습니까? 필요한 부분에 대해서 더 구체적으로 설명을 드려야 하는데, 우선 궁금해 하실 부분에 대해 대략적으로 설명을 해드리는 바람에 너무 급하게 진행된 건 아닌가 우려가 있네요."

"아니요, 그렇지 않습니다. 오늘 배운 것을 바탕으로 차차 더 공부해 나가야죠. 어차피 앞으로도 지속적으로 저희에게 도움을 주실 계획 아니십니까?"

"하하, 물론입니다. 이유는 알 수 없지만 김빛나 강사의 특명을 받기도 했고요."

인한은 김빛나 강사가 특별히 부탁했다는 말에 괜히 얼굴이 붉어졌다.

"그렇게 말씀하시면 더욱 감사합니다. 아무래도 조만간 한번 더 찾아뵐 일이 생길 것 같아요. 요즘 사업 확장에 대한 고민 중에 있는데, 그것과 관련하여 몇 가지 여쭤 볼 것도 있고요."

"아… 대략 어떤 부분일지 예측이 되는데요? 어쨌든 사업이 이렇게 잘 풀리고 있다고 하니, 저로서는 참 기쁘고 부럽습니다. 언제든 괜찮으니까 연락 주시고요, 또 한번 뵙도록 하겠습니다."

"네, 그러겠습니다. 감사합니다."

인한과 버핏은 은성에게 즐겁게 인사를 건네고 돌아왔다. 회사가 점점 확장됨에 따라서, 기업의 자본조달에 대해서 여러 가지 고려해야 할 사항들이 많다는 것을 다시 한번 깨닫게 되었다. 인한은 버핏과 함께 사무실로 돌아와 그동안 미뤄 왔던 일을 추진하기 시작했다. 이제 Ping Car도 전체에서 상장하여야 할 것이었다. 두 사람은 이사회를 소집해 시간이 흐르는 줄도 모르고 며칠간 긴밀한 회의를 진행했고, 일은 척척 잘 진행되어 나가 Ping Car는 곧 상장을 하게 되었다.

김빛나 강사에 대한 인한의 마음도 점점 깊어져 갔다. 조금이라도 여유가 생겨 김빛나 강사와 데이트를 하는 그날만을 기다리면서, 더욱 열심히 미래를 향한 다짐을 했다.

Chapter Summary

자본구조는 기업의 가치에 어떤 영향을 미칠까?

- 자본구조Capital Structure란?
  장기Long-Term부채 + 자기자본
- 자본구조정책이란?
  장기부채와 자기자본의 적절한 결합을 통한 기업가치의 극대화 정책
- 최적자본구조Optimal Capital Structure란?
  특정 타인자본비율이 기업가치를 극대화할 때

자본구조의 순환

과도한 타인자본 사용 → 기업의 재무위험에 영향 미침 → 재무위험은 다시 타인자본비용과 자기자본비용에 영향 → 타인/자기자본비용의 변화는 가중평균 자본비용에 영향 → 기업가치에 영향

MM이론에 대하여

MM 이론은 완전자본시장이라는 가정을 바탕으로 이해할 수 있다.

완전자본시장Perfect Capital Market

- 법인세 등의 세금이 없다.
- 거래비용이 없다.
- 모든 정보가 모든 투자자에게 균등하게 전달된다. 즉 정보의 불균형Information Asymmetry이 없다.
- 시장가격에 영향을 미치는 독점적 지위를 갖는 투자자가 없다.
- 자본조달의 제약이 없다.

완전자본시장의 가정하에 MM의 제1명제는 '자본구조와 기업의 가치가 무관하다'는 것이다.

여기에 법인세의 가정이 완화되면 부채의 사용에 따른 법인세 절감효과가 생겨서 부채를 사용할 때 기업가치의 증가가 일어나게 된다. 하지만 다시 파산비용이 있다고 가정을 완화하면, 법인세 절감의 긍정적인 효과와 파산비용의 부정적인 효과가 서로 상충하면서 최적자본구조를 생성하는 상충이론이 성립되게 된다.

자본구조 순위이론Pecking Order Theory

모든 투자자의 정보가 동일하다는 가정을 완화시켜 기업 내부의 정보와 외부의 정보가 서로 다를 때에는 정보의 불균형에 덜 민감한 순으로 자본조달이 이루어지게 된다. 즉 기업은 내부유보자금을 우선적으로 투자에 이용하며 다음으로 부채, 마지막으로 주식을 사용하여 자본조달을 하게 된다.

장기자본조달

기업에서 자본을 조달할 때, 단기와 장기로 나뉘는데, 단기자본조달은 유동자산의 취득에, 장기자본조달은 고정자산의 취득에 주로 사용된다. 장기자본조달에는 회사채와 주식을 이용한 방법이 있는데 이렇게 장기자본을 조달할 때는 다음 사항에 유의해야 한다.

1) 자본비용

각 증권들은 그 특성에 따라 서로 다른 자본비용을 가지고 있다. 가능한 한 자본비용이 적은 조달방법을 택해야 한다.

2) 조달기간

은행의 장기대출이나 주식, 채권의 발행은 준비부터 자유입금까지 여러 달이 소요된다. 기업어음이나 단기차입금 등의 방법은 비교적 기간이 짧다. 기업이 한시 바삐 자본이 필요하다면, 자본비용이 높더라도 조달기간이 짧은 자본을 선택해야 한다.

3) 기업지배권

사채를 발행하는 경우, 약속된 이자나 액면 금액을 지급해 주기만 하면 기업 지배권에 대한 간섭을 받지 않는다. 보통주를 발행하는 경우 기존주주들의 자본비율이 감소하면서 기업지배권에 대한 영향력이 줄어들게 된다.

4강

회사, M&A를 시작하다!

M&A의 성공 여부, 어떻게 판단해야 할까?

중고차 회사의 횡포

사업이 나날이 번창하고 있다. 매일 약간은 지친 얼굴로 퇴근하는 인한을 보며, 백수였을 때보다 더 걱정이 많은 인한의 어머니는 이제 보약까지 챙기시며 인한의 건강에 신경을 써주신다. 물론 인한은 바빠도 절로 힘이 난다. 일이 잘되면 직원들의 월급도 올려 줄 수 있고, 보너스도 팍팍 줄 수 있으니 이 얼마나 신이 나는 일인가?

하지만 인한이 하고 있는 이 사업이란 작은 구멍가게에서 물건 한두 개를 파는 일과는 그 의미 자체가 달라서, 사업이 잘된다고 해서 마냥 좋아하고 앉아 있을 수만은 없는 일이었다. 그만큼 신경 써야 할 부분이 많아진다는 의미도 되고, 알아야 할 것, 또 알게 된 것을 적용해야 할 것 등 많은 부분을 책임지고 이끌어 가야 한다는 의미이기도 했다.

이제 CEO로서, 더 이상 누군가에게 의지하고 조그만 일에도 쩔

쩔매고 당황해하던 모습을 보여서는 안 되겠다고 다짐한 인한도 확실히 처음과는 많이 달라져 있었다. 좀 더 단호하고 당찬 마음으로 하나씩 하나씩 사업의 발전 단계를 잘 밟아 가고 있었다. 필요한 책들도 틈틈이 읽고, 버핏이 추천해 주는 세미나도 함께 참여하면서 자기계발도 게을리하지 않았다.

이렇게 잘 지내고 있던 중…. 한 가지 골칫거리에 당면하게 되었다. 버핏과 며칠 동안 그 문제에 대해 의논을 하던 차에, 지난번에 만난 이은성 상무를 다시 찾아가 이 문제에 대해 이야기를 나누기로 했다.

"요즘 더욱 바빠지셨다는 소식, 인터넷을 통해 잘 접하고 있습니다. 이러다 Ping Car가 정말 핑핑 하면서 주가가 오르겠는데요?"

"하하하, 별말씀을요. 이제 시작에 불과합니다. 지난번에 다시 한번 찾아뵙게 될 것 같다고 말씀을 드렸는데 정말 이렇게 왔습니다. 짐작하신 그 문제가 맞아요."

"네. 사업이 확장이 되면 으레 하게 되는 고민이고, 그렇지 않다 하더라도 반드시 짚고 넘어가야 하는 부분이니까요."

"네, 아무래도 그렇겠죠. 이렇게 빨리 이 부분에 대해 생각하게 될 줄 몰랐는데 현재 거래하고 있는 City 중고차 회사가 자꾸만 말썽을 부립니다."

"아무래도 가격절충에 대한 문제겠지요?"

"물론 그렇죠. 저희 박 이사님이 몇 차례 협상을 했지만 이것 참 전혀 먹혀들지 않아요. 처음에 우리와 거래를 하게 되었을 때와는 정말 딴판인걸요. 사업이 잘 된다 싶으니까 그러는 건지, 애초 협상했던 조건과는 터무니없는 금액을 제시하고 있어요."

"흠…."

인한의 말에 이어서 버핏이 입을 열었다.

"그래서 현재 적절한 곳이 있다면 저희가 인수를 하는 것도 나쁘지 않을 것 같아서요."

"네. M&A(Mergers and Acquisitions), 즉 인수·합병을 고려 중에 있으시단 말씀이신데…. 예전 우리나라에서 있었던 M&A 관련된 이슈들을 많이 접하셨을 거예요. 론스타의 외환은행 인수나 소버린의 SK 인수 등등. 미국의 경우야 벌써 이미 오래된 M&A 역사를 가지고 있지만, 우리나라는 90년대나 되어서야 실제로 M&A가 시작됐죠. 자, 현재 Ping Car의 M&A 여부에 대해서 결정하기에 앞서 M&A에 대한 설명을 들으실 필요가 있을 것 같아요."

"네, 물론입니다."

M&A가 가져다주는 이점

"자, 한 가지 사례를 들어 보면 훨씬 더 이해가 쉬울 것 같아요. 여기를 한번 보시겠어요? 이미 잘 알고 계시겠지만 이 사례로 한번 설명을 해보겠습니다."

전 세계 미디어 업계를 경악시킨 사건을 일으키다

2017년 12월 14일. 영화, 케이블, 콘텐츠 등 미디어 업계에서 막대한 영향력을 미치고 있는 월트 디즈니와 21세기 폭스는 합병계획을 발표했다. 월트 디즈니는 21세기 폭스를 713억 달러에 흡수 합병하였고, 이는 미디어 및 엔터테인먼트 산업 전반에 지대한 영향을 끼쳤다.

"미국 전체를 떠들썩하게 했던 이 사건은 그야말로 정말 놀라운 것이었어요. 당시 두 회사의 규모는 상상을 초월하는 것이었으니까요. 이렇게 보면 훨씬 쉽게 이해가 되겠죠?"

21세기 폭스 주식 1주 → 월트 디즈니 주식 0.33242.5주
21세기 폭스 시가총액 + 월트 디즈니 시가총액 + $85억
= 월트 디즈니의 시가총액

"이 합병을 통해서 월트 디즈니의 시가총액은 2380억 달러에 달하는 금액으로 디즈니가 업계 1위가 되는 계기가 되었습니다. 21세기 폭스 주주들은 1주당 그룹 주식 0.3324주 비율로, 월트 디즈니 주주는 1대1 비율로 주식을 교환했습니다. 합병발표와 동시에 월트 디즈니의 주가는 약 2.8% 상승되었고, 21세기 폭스의 주가는 약 6.5% 상승했다고 합니다. 이렇게 상승된 두 회사의 주가 상승률을 합산할 경우, 시가총액은 하루아침에 85억 달러가 늘어난 셈이지요."

"와! 정말 어마어마하군요. 그러면 두 회사는 합병으로 인해서

굉장한 시너지 효과를 보게 된 셈이군요."

"네, 그렇습니다. 당시에 디지털 기술의 발전과 스트리밍 서비스의 부상으로 엔터테인먼트 산업은 급격한 변화를 겪고 있었죠. 전통적인 케이블 TV와 영화 산업의 매출은 감소하는 반면, 넷플릭스, 아마존 프라임, 디즈니 플러스와 같은 스트리밍 서비스는 폭발적으로 성장하고 있었고 디즈니는 컨텐츠 확대를 위해 21세기 폭스를 인수하고자 했어요. 이를 통해 디즈니는 영화 및 TV 콘텐츠 시장에서 점유율을 크게 확대하며 업계 1위를 차지할 수 있었어요. 이외에도 합병은 여러 효과를 가져다 주었어요. 여기를 한번 보세요."

시너지 효과 및 비용 절감

운영 효율성을 높이고 비용을 절감하는 시너지 효과를 실현했다. 중복된 사업 부문(예: 마케팅, 배급)을 통합해 연간 약 20억 달러 이상의 비용 절감 효과를 보았다.

"아, 말 그대로 '잘만 하면' 정말 어마어마한 효과를 가져올 수 있는게 바로 M&A군요. 디즈니와 폭스의 경우에는 두 회사가 각각 다른 영역으로 진출을 할 수 있도록 서로에게 최대의 효과를 가져다줌으로써 규모에 따른 경쟁력을 가질 수 있게 됐잖아요. 그렇다면 이외에 또 다른 목적으로 M&A를 시도하는 회사도 있을 것 같은데요?"

"그렇죠. M&A가 가져다주는 효과에는 이런 것들이 더 있습니다. 한번 보십시오."

- **마케팅의 효율성**

  M&A를 통해 다른 두 회사가 유통체계를 공유할 수 있게 되어 효율성이 늘어나며 광고에서도 효과를 볼 수 있다.

- **전략적 우위**

  합병을 통해 기업이 사용할 수 있는 전략이 좀 더 다양해질 수 있다. 즉 현재의 합병이 향후 새로운 시장의 진입 전략을 가능하게 할 수 있다. 예를 들면, 출판사가 컴퓨터 회사를 합병함으로써 미래의 전자출판시장에의 진입에 있어서 우월적인 지위에 있게 된다.

- **규모 확대의 효과**

  월트 디즈니는 21세기 폭스의 인수를 통해 광범위한 콘텐츠 라이브러리를 확보하며, 디즈니는 폭스 합병 이후 전 세계 박스오피스 점유율에서 압도적인 우위를 점했다. 2019년 디즈니는 전 세계 영화 시장 점유율의 약 40%를 차지하며, 기존 경쟁자인 워너브라더스와 유니버설을 크게 앞섰다.

- **글로벌화**

  21세기 폭스의 국제 사업 부문을 흡수하면서 디즈니는 글로벌 네트워크를 대폭 확대했다. 이러한 네트워크 확장은 현지화된 콘텐츠를 제작 및 배급할 수 있는 기반을 제공하며, 디즈니가 진출하지 않았던 시장에서도 성장 기회를 확보했다.

- **시장지배력 및 독점지배력**

  동종 산업 내의 다른 기업의 합병으로 시장지배력을 높일 수 있으며, 이에 따른 독점적 이윤을 만들어 낼 수 있다.

"이렇게 보니, M&A는 마냥 좋은 점만 있는 것 같아요. 당장 우리 Ping Car도 시도해 보고 싶을 만큼 말입니다. 하지만 언제나 그랬

듯 '유의해야 할 점'이라든가, 분명 여기에도 뒤따르는 문제가 있을 거란 생각이 드는데요?"

"하하하, 제가 말씀드릴 것을 미리 집어서 말씀해 주시니 제가 괜히 민망한데요? 대표님 말씀처럼 M&A가 무조건 좋은 것은 아닙니다. 앞서 말씀드린 것처럼 서로 큰 시너지 효과를 가져다주거나, 그 외 다른 이점들을 가져다줄 수도 있어요. 하지만 실패 사례도 만만치 않답니다. 여기, 우리가 잘 알고 있는 '아마존과 홀푸드'의 사례가 있어요. 제가 한 인터넷 사이트를 통해서 발췌한 글인데 한번 쭉 읽어 보시겠어요?"

M&A의 실패 사례

아마존과 홀푸드의 실패한 꿈의 결합: 문화적 차이와 통합 실패

"전자상거래의 거인" 아마존이 "유기농 식품 업계의 선구자" 홀푸드를 인수한 2017년의 사건은 그야말로 "꿈의 결합"이라는 평가를 받았다. 아마존은 대규모 유통 네트워크와 기술 혁신의 강점을 가지고 있었고, 홀푸드는 프리미엄 유기농 식품 브랜드로서 독창적 고객층을 보유하고 있었다. 두 회사의 결합은 식품 유통 혁신을 예고하며 세계 시장의 관심을 끌었지만, 그들의 합병은 "무거운 짐"만 되었다.

아마존의 CEO였던 제프 베이조스는 홀푸드를 인수하며 "고객에게 더 빠르고 저렴하게 건강한 식품을 제공할 것"이라는 비전을 내세웠다. 이를 통해 전자상거래와 유통의 융합을 추구하고, 식품업계의 판도를 바꾸겠다는 목표를 세웠다. 아마존의 자본력과 기술 혁신을 접목해 홀푸드의 전통적 식품 시장을 재편하려는 전략은 단기적인 성과와 장기적인 시장 지배력을 확보하는 데 중요한 요소였다.

그러나 아마존과 홀푸드의 합병은 예상했던 시너지 효과를 온전히 발휘하지 못했다. 두 회사는 기본적인 운영 방식과 기업 문화가 상당히 달랐기 때문이다. 아마존은 "데이터 중심의 효율성"을 중시하며, 빠르고 엄격한 비용 절감 정책을 채택한 반면, 홀푸드는 직원 자율성을 강조하는 "현장 중심의 고객 경험" 문화를 가지고 있었다. 이러한 차이로 인해 통합 후 아마존의 정책이 홀푸드 매장의 현장 운영과 상충하는 상황이 발생했다. 아마존의 효율 중심 접근 방식이 홀푸드의 고객 서비스 품질에 부정적인 영향을 미치며 기존 고객들이 이탈하는 결과를 초래했다.

합병 이후 아마존은 홀푸드의 조직을 재편하며 관리 체계와 비용 절감에 집중했다. 인수 초기에는 홀푸드의 고위 임원들이 다수 교체되었고, 구매 및 마케팅 방침이 아마존 방식으로 통일되었다. 이 과정에서 홀푸드의 전통적인 직원들이 대거 이탈하였고, 비용 절감 우선 정책은 기존 홀푸드 고객들에게 반발을 일으키기도 했다.

아마존과 홀푸드의 결합은 단기적 성과와 장기적 통합 효과 모두에서 여러 과제를 남겼다. 양사의 문화적 갈등을 극복하지 못한 점이 시너지 효과를 제한했으며, 시장에서도 아마존의 홀푸드 인수가 예상보다 큰 성과를 거두지 못한 것으로 평가되었다.

"참 아찔한데요? 두 개의 대단한 회사가 만나서 '무거운 짐'이 되었다고 하니, 처음 선불리 들었던 생각과는 달리 살짝 겁이 나기도 합니다. 저희 회사야 이런 기업들과는 규모 면에서 이미 차이가 나겠지만, 규모에 관계없이 M&A는 아주 신중해야 할 것 같아요. 여러 면에서 충분한 검토가 선행되어야 할 것 같고요."

"방금 보셨던 '아마존-홀푸드'의 사례는, '문화적인 부조화'를 주된 실패요인으로 꼽을 수 있어요. 서로의 원동력이 되어줄 거라 믿고 당당하게 M&A를 시도했지만, 각 회사가 가진 문화적인 차이를 극복하지 못해 말씀하신 것처럼 '무거운 짐'이 되어버리고 말았으니까요. 말씀하시는 걸 들어 보니 이미 제가 말씀드리려는 요점을 다 이해하신 것 같습니다. 하지만 어차피 M&A가 필요한 시점인 것 같은데, 혹시 후보에 올려둔 중고자동차 기업이라도 있나요?"

"네. 아까 박 이사님을 통해 저희 회사 상황을 들으셨을 겁니다. 저희가 '고고씽'이라는 중고자동차 회사를 인수할 수 있는 가능성이 있다고 들었습니다."

"네, 그 회사는 저도 잘 알고 있습니다. 몇 년 전 꽤 많은 고객이 모여들면서 동종업계에선 나쁘지 않은 도약을 했지요. 하지만 갈수록 비효율적인 경영으로 현재는 수익성이 악화되어, 경영자가 처분을 고려하고 있는 회사고요. 저도 사실 이 회사를 염두에 두고 있었습니다."

"아, 그러셨어요? 그런데 단순히 '지금 수익성이 악화되어 기업을 처분하려고 한다'는 정도의 정보만으로는, 그 기업을 저희가 바로 인수하겠다고 결정을 내릴 수는 없을 것 같아서요. 이런 경우에는 어떻게 해야 하죠?"

M&A, 평가를 통해 가능하다

"M&A 평가라는 게 있습니다. 결국 어떻게 보면 M&A도 투자의 문제잖아요. 따라서 이미 알고 계신 '순현가법(NPV)'을 통해서 평가를 할 수 있습니다. 간단한 계산을 통해서 '이 회사를 우리가 인수했을 때 이익이 될까, 손해가 될까'를 평가해 보는 것이죠. 단순하게 공식화하자면 이렇게 될 수 있겠네요."

합병의 순현가 = 합병 후의 기업가치 - 합병 전의 기업가치

"네, 그렇겠네요. 그래서 순현가가 0 이상이 되면 합병을 진행해도 된다는 의미겠고요."

"그렇습니다. 자, A회사와 B회사를 예로 들어서 쉽게 설명을 드려보겠습니다. A회사와 B회사가 합병을 진행한다고 가정해 봅시다. 그러면 이런 공식이 나올 수 있어요."

합병의 시너지 효과 =
합병 후의 기업가치 - (A회사의 기업가치 + B회사의 기업가치)

"즉 두 기업이 독립적으로 존재할 때와 합병했을 때의 가치가 어떻게 차이가 나는지를 알아볼 수 있겠죠. 그런데 여기서 한 가지 더 알아 두셔야 할 게 있어요. 바로 '합병 프리미엄M&A Premium'이라는 것입니다."

"합병 프리미엄이요? 뭔가 돈을 더 얹어 주는 걸 의미하나요?"

"네, 그렇죠. 합병을 진행할 때, B회사의 인수가격과 실제 B회사의 가치에는 차이가 있습니다. 만약 B회사의 주식을 시장에서 공개

매수한다면 B회사의 주식을 보유한 주주들은 시장가보다 높은 가격을 제시해야 주식을 팔려고 하지요. 이런 이유 때문에 인수가격과 기업가치는 차이가 나는 거죠. 이렇게 설명하면 좀 이해가 쉬울까요? 결국 '합병의 순현가는 곧 시너지 효과에서 합병 프리미엄을 뺀 것이다.'"

"네, 그렇군요. 그렇다면 우리 회사가 고고씽 회사의 가치를 평가하고, 합병을 했을 때 구체적으로 어떻게 되는지를 평가해 볼 수도 있겠네요?"

"물론입니다. 그렇게 해야 좀 더 정확하게 M&A를 진행해야 할지 여부를 결정할 수 있을 것이고요. 혹시 숫자로 조사해 두신 자료가 있다면, 제가 좀 도와드릴 수 있을 것 같습니다."

버핏은 가방에서 몇 가지 자료를 꺼내 이은성 상무에게 내밀었다. 세 사람은 머리를 맞대고 앉아, 버핏이 준비해온 자료와 함께 진지하게 평가를 하기 시작했다.

(합병의 순현가) = (합병 후의 기업가치) - (합병 전의 기업가치)
20억 = 280억 - (170억 + 90억)

실제로 고고씽 중고차의 가치는 80억이지만, 합병을 진행하며 10억 정도의 프리미엄을 주는 것으로 거의 결정을 내렸다. 그렇다면 합병 프리미엄은 10억이 되는 것이다.

(합병 프리미엄) = (고고씽 인수가격) - (고고씽의 기업가치)
10억 = 90억 - 80억

그리고 합병의 시너지 효과는,
(합병의 시너지 효과) = (합병 후의 기업가치) - (Ping Car의 기업가치 + 고고씽의 기업가치)
30억 = 280억 - (170억+80억)

합병의 순현가를 다시 계산하면,
(합병의 순현가) = (시너지 효과) - (합병 프리미엄)
20억 = 30억 – 10억

세 사람은 그 이후 일주일 동안 진지하게 평가를 한 결과, 고고씽 중고자동차회사를 인수하기로 결정한다. 인한은 확신에 차 있었다. 어쩌면 과감한 결단일지도 모르지만, 20억이라는 효과뿐 아니라 현재 골머리를 썩게 만드는 거래회사와의 관계도 청산할 수 있다는 생각에 더욱 속이 후련했다.

작은 일이라도 신중에 신중을 거듭하여 진행하겠다는 신념을 절대 놓지 않고, 이렇게 전문가와 함께 이 문제에 대해 진지한 토론을 할 수 있어서 너무 다행이었다.

세 사람은 가벼운 마음으로 사무실에서 나와, 오랜만에 즐거운 저녁시간을 보낼 수 있었다. 내일이면 다시 치열한 기업들과의 경쟁 속으로 뛰어들어야겠지만, 오늘만은 어느 때보다 여유롭고 기쁜 마음으로 만찬을 즐겼다.

알아 두기

적대적 M&A 방어

최근 우리나라에서도 자본시장이 개방되고 M&A에 대한 규제가 완화되면서 주식시장을 통한 공개적인 주식매수와 적대적인 인수 합병이 증가하고 있다. 영풍·MBK 연합의 고려아연 인수 시도가 그 예라 할 수 있다. 적대적 합병의 경우, 대상이 되는 기업의 주주나 경영진에게 항상 이익이 되지 않는다. 그래서 고려아연과 영풍·MBK 연합의 사례에서는 영풍·MBK 연합이 공개매수 방식으로 지분을 확대하려고 하자, 고려아연 측도 자사주를 공개매수하여 대응하였다. 이처럼 M&A에 대한 방어를 위해서는 다양한 전략들이 있다.

차등의결권주Dual Class Stock와 황금주Golden Share

이 방법은 주식의 종류에 따라 의결권의 수를 달리하여 사전적으로 경영권 방어가 용이하게 하는 것이다. 예를 들면, 경영진의 주식은 1주당 2개의 의결권이 주어진다든가 외부의 주주의 주식은 10주당 1개의 의결권을 주는 것과 같은 것이다. 황금주는 차등의결권주의 극단적인 형태를 말한다. 즉 매우 작은 수의 주식에 많은 의결권을 주는 것으로, 심지어는 1주로 주주총회에서 거부권을 행사할 수 있게 만들 수도 있다. 하지만 우리나라에서는 1주 1의결권이 상법에 규정되어 있으므로 이러한 형태의 방어수단을 쓰는 데에는 한계가 있다.

그린메일Green Mail

인수를 시도하는 투자자에게 프리미엄을 주고 이미 투자자가 매집한 자사의 주식을 재매입하는 것을 뜻한다. 결국, 인수시도투자자의 위협에 굴복하는 형태가 되므로 엄밀한 의미에서 경영권의 방어수단이라 할 수는 없지만, 사후적으로 경영권을 지켰다는 점에서 방어수단으로 볼 수 있다. 이러한 그린메일에는 재매입불가침계약, 즉 다시는 인수 시도를 하지 않겠다는 단서를 붙이기도 한다.

백기사White Knight

현재 우리나라에서 인수 위험에 처해 있는 기업이 가장 흔히 취하는 방어수단으로, 우호적인 지분을 확보하는 것이다. POSCO가 SK그룹과 맺은 상호백기사협약 등이 대표적이다.

황금낙하산Golden Parachute

인수합병이 이루어져서 경영진이 교체될 때, 거액의 퇴직금을 지불하도록 하는 것이다. 예를 들어 2022년 일론 머스크의 트위터 인수 과정에서 전 CFO 네드 세갈과 전 법무책임자 비자야 가드에게 각각 약 2,500만 달러(약 330억 원)를 지불하였다. 이와 같은 지출을 감내하고 인수합병을 시도하기가 힘들기 때문에 효과적인 방어수단으로 인식되고 있다.

핵심자산 매각Crown Jewel

기업에 대한 적대적 인수합병의 시도가 있을 때 핵심자산을 외부에 처분하는 것을 의미한다. 하지만 이러한 방법은 매우 극단적인 방법이며 현 경영진의 불법 행위로 인식될 가능성이 있어 적대세력의 공격의 빌미를 만들어 준다는 측면에서 제한적이다.

초다수결의제

인수합병의 시도가 있을 경우에 대비하여 상법상의 다수결 요건을 더욱 강화한 것을 의미한다. 이 경우, 적대적 인수합병의 의결이 어려워지게 되므로 이를 방어하는 수단이 될 수 있다. 이러한 초다수결의제는 현재 우리나라 기업에서 많이 찾아볼 수 있다.

독소조항Poison Pill

미국에서 가장 강력한 경영권 방어수단으로 인식되고 있으며, 실제로 이러한 독소조항이 미국에서 허용된 이래 적대적 인수합병의 예가 매우 줄어들었다. 독소조항의 대표적인 예는 인수자가 일정 수준 이상의 지분을 취득하면 현재의 주주들에게 주식매입권, 즉 콜옵션을 교부하는 것을 의미한다. 현재의 주주가 주식매입권을 갖게 되면, 적대적 인수자가 매집한 지분이 희석되어 결국 적대적 인수합병이 불가능해진다. 우리나라의 경우 아직 도입이 되지 않고 있다.

Chapter Summary

M&A란 무엇일까?

M&A가 가져다주는 이점들

1. 규모 확대의 효과, 2. 복수상품 판매의 효과, 3. 글로벌화
4. 마케팅의 효율성, 5. 전략적 우위, 6. 시장지배력 및 독점지배력

M&A를 평가하는 방법

M&A가 항상 긍정적인 결과만을 가져다주지 않기 때문에, 충분한 평가를 통해 결정해야 한다.

> 합병의 순현가 = 합병 후의 기업가치 - 합병 전의 기업가치

순현가가 0이상이 되면 합병을 진행해도 된다. A회사와 B회사를 예로 들어볼 때, 다음과 같은 공식이 성립된다.

> ▸ 합병의 시너지 효과 =
> 합병 후의 기업가치 - (A회사의 기업가치 + B회사의 기업가치)
>
> ▸ (합병 프리미엄) = (B회사의 인수가격) - (B회사의 기업가치)

3 'Ping Car' 성공기업으로 급부상!

배당정책이 과연 기업의 가치에 어떤 영향을 미칠까?
모든 정책에는 장단점이 있기 마련이야. 이를 잘 파악하지 못하고 무턱대고 적용만 한다면 나중에 큰 손실을 가져올 수 있지. 강인한, 네 주위에는 널 도와줄 수 있는 사람이 정말 많은 것 같아. 그들이 주는 조언과 정보에 귀를 기울여서, Ping Car에 가장 적합한 정책들을 적용시켜 나가길 바란다. 화이팅!

5강

소유와 경영의 분리를 시작해야 할 때

소유와 경영의 분리, 어떤 장단점이 있을까?

경쟁업체를 잡아라!

중고차 회사를 합병하면서 한 가지 골칫거리가 해결될 줄 알았지만, 현실은 그렇지 않았다. 세상일이 늘 원하는 대로만 된다면 얼마나 좋을까? 하지만 사회라는 곳은 독특하고 좋은 아이템이 등장하면 어김없이 경쟁자들이 틈을 타 비집고 들어오는 법이다. 아무리 뛰어난 아이템이라도 금세 비슷한 경쟁 상품이 쏟아져 나오는 현실에 맞서야 했다.

며칠 전 마케팅팀의 김 대리가 놀란 얼굴로 뛰어와서는, 요즘 갖가지 마케팅 활동으로 손님 끌어모으기를 하고 있는 'Zap Car'에 대해서 알려주었다. 물론 그 전부터 Ping Car와 같은 콘셉트의 기업들이 속속 생겨나고 있다는 말을 들었고, 인터넷 사이트를 통해서도 종종 기사를 접하긴 했지만, Zap Car의 경우는 생각보다 심각한 것 같았다. Ping Car에 대한 나쁜 소문을 퍼뜨리거나, 악성 댓글을 통해서 홈페이지를 더럽히는 것을 몇 번이나 적발하기도 했다. 게다가 이제는 막무가내로 마케팅 활동을 펼치고 있으니…. '행운아를 찾는다'는 콘셉트로, 무인택시 안에다 보너스 쿠폰을 넣어 두기까지 하면서 갖가지 마케팅 전략을 펼치고 있다. 물론, Ping Car는 시작부터 신뢰를 쌓아 온 덕분에 탄탄한 고객층을 확보하고 있었다. 특히 '포인트 제도'를 통해 고객들에게 꾸준한 혜택을 제공하며 충성 고객들을 유지해 온 점은 강점이었다. 그러나 이러한 경쟁사의 공격적인 마케팅이 전혀 영향을 미치지 않는다고는 할 수 없었다.

모두 바짝 긴장한 상태에서 하루에도 몇 차례씩 마케팅 회의가 소집되었다. 버핏과 인한도 며칠씩 머리를 맞대고 고민을 하기도 했다. 하루는 버핏이 인한에게 한 가지 제안을 했다.

"사장님, 사실 우리는 Ping Car를 경쟁에서 밀려나지 않게 하고, 1위의 자리를 지키게 하는 것만으로도 업무가 벅찹니다. 지금은 매우 전략적으로 움직여야 할 때가 아닙니까. 그런데 고고씽을 인수하고, 그것을 운영하는 데까지 신경을 쏟고 있으니 이러다 둘 다 놓치지 않을까 걱정이 됩니다. 제 소견이기는 하지만, 전문 경영인을 고용해서 고고씽을 맡겨보는 건 어떨까요?"

"박 이사님처럼 충분히 믿고 맡길 사람이라면 모르겠지만… 실은 그것도 그렇게 간단한 문제는 아니지 않습니까."

"물론 그렇기는 합니다. 하지만 앞으로 고고씽 외에 다른 기업도 인수하게 될 가능성을 두고 봤을 때, 이는 충분히 고려해 봐야 할 사항이라고 봅니다. 제가 말씀드린 것을 '소유와 경영의 분리'라고 하지요."

소유와 경영, 그 장점과 단점

버핏은 계속해서 설명을 이어 나갔다.

"아시다시피 기업에는 여러 형태가 있습니다. 우리 Ping Car처럼 기업주가 모든 소유권을 갖고 경영을 하는 '개인기업'이 있고, 몇 명의 출자자가 자금을 모아 기업을 소유·경영하는 '공동기업'의 형태가 있고요. 또 다수의 주주들로부터 출자를 받아서 이들이 기업을 소유하는 형태인 주식회사도 있습니다.

주식회사는 다수에게 출자를 받기 때문에 설립이 간단하지가 않습니다. 주주 모두가 경영에 참여할 수 없기 때문에 주주의 대표를 선임하여 이들이 경영을 하게 됩니다. 때문에 이들에게는 가이드라인을 주어야 합니다. 이것이 회사의 목적, 주식의 수, 이사회의 방법 등을 규정한 정관이지요.

처음에 몇 명의 주주로부터 출발한 주식회사가 성장을 하여 더 많은 자금이 필요하게 되면, 금융시장에서 직접 주주를 더 모집하여 이들로부터 자본을 조달하게 됩니다. 이것이 바로 '기업공개'죠. 또는 증권시장에 상장을 하기도 하고요. 따라서 대규모 자본이 필요한 회사의 경우 대부분 상장된 주식회사의 형태를 띠고 있습니다. 주식회사가 자금을 쉽게 조달하기 위해 만든 장치가 하나 있는데, 혹시 들어 보셨습니까?"

"글쎄요."

"자, 사장님에게 두 개의 투자안이 있습니다. 그중 하나는 그 투자안에서 손실이 발생할 경우 그것을 보충하기 위해 사장님이 자본을 더 투여해야 하고, 다른 하나는 손실이 나더라도 그냥 사장님이 투입한 기존의 자본을 포기만 해도 된다면 어느 쪽에 투자하시는 것이 마음이 편하시겠습니까?"

"그야 당연히 두 번째겠네요. 내가 그 투자안에서 손실을 보는 것은 어쩔 수 없지만, 나의 다른 재산까지 손실을 막기 위해 써야 한다면 나로서는 큰 부담이겠지요."

"그렇겠지요. 바로 그런 이유 때문에 주식회사의 경우 주주에게 '유한책임'만을 지우는 것입니다. 즉 기업이 파산을 해도 주주들은 투자한 금액만 손해를 보게 되고 다른 채무로부터는 자유로운 것이지요. 이처럼 주주들에게 유한책임을 지게 하기 때문에 금융시장 내에서 불특정 다수의 투자자에게 주식을 팔 수 있게, 즉 기업을 공개할 수 있게 되는 것이지요. 자신의 투자 금액에 대해서만 책임을 지게 되므로 기업 내부의 사정에 어느 정도 눈이 어두워도 투자자들이 기업에 투자할 수 있게 되는 겁니다. 이처럼 주식회사는 장점이 많기는 합니다. 하지만 물론 불리한 점도 있고요."

"세금 문제 같은 거요?"

"네, 그렇습니다. 회사는 매출에서 법인세를 차감하고 남은 순이익을 주주에게 배당으로 지급하는데, 개인은 여기서 다시 개인 소득세를 납부해야 하죠. 결국 기업의 소득에 대해 이중의 세금이 물려지는 꼴이 됩니다. 반면, 합자회사와 같은 파트너십은 순이익이 파트너들에게 돌아가고 파트너들이 개인 소득세만 납부하게 되므로 이중 세금의 문제는 없게 되지요. 하지만 주식회사에 있어서 이보다 더 크게 인식되는 문제점이 있는데 무엇인지 아시겠습니까?"

"글쎄, 박 이사가 아까 이야기한 '소유와 경영의 분리'와 관련이 있나요?"

"아주 잘 보셨습니다. 소유와 경영이 분리가 되면, 물론 장점도 많이 있습니다. 예를 들면, 기업이 전문적인 지식을 갖는 경영자를 찾아서 경영을 맡김으로써 경영의 효율성이 높아지고, 금융시장에서 주식이 거래됨으로써 기업의 소유자가 계속 바뀌어도 경영의 일관성이 유지될 것이며, 소액주주들이 대주주의 전횡에 걱정할 필요가 없어져서 일반 대중들의 주식투자가 활발해질 수 있지요. 아마 이러한 부분은 충분히 공감하시리라 생각되네요.

반면 이러한 장점에도 불구하고, 사장님께서 우려하신 문제가 발생하는데요, 그 문제를 바로 '대리인'문제라고 합니다. 대리인 문제는 주인Principal과 대리인Agent 간의 문제를 의미합니다. 대리인 문제는 주주와 경영자뿐 아니라 일을 대신 맡기게 되는 모든 관계, 예를 들면 채권자와 채무자, 종업원과 고용인, 정부와 국민 등의 관계에서 발생합니다.

예를 들어, 국민이 국회의원을 뽑아서 국민을 위해 일을 하도록 하지만, 만일 국회의원이 자신의 이익만을 위해 일을 한다면 이것도 대리인 문제인 것입니다. 그리고 이에 따른 비용을 '대리비용Agency

Cost'이라 합니다."

대리비용의 문제를 주의하라

"대리비용이라고요? 음… 그러니까 전문 경영인을 고용했는데 그가 회사의 이익이 아닌 자신의 이익을 위해 행동할 때 비용이 발생한다는 것이군요. 그래서 결국 우리가 '믿을 만한 사람을 고용해야 한다'는 것도 바로 이러한 비용을 줄이기 위해서고요."

"네, 맞습니다. 기업재무의 영역에 있어서 '대리문제'를 도입한 것은 '젠센Jensen'과 '멕클링Meckling'이라는 미국의 학자들입니다. 이들은 대리 관계를 '1인 이상의 사람이 다른 사람에게 자신을 대신하여 의사결정을 할 수 있도록 의사결정권한을 위임한 계약 관계'라고 정의하였지요.

대리인 문제에 있어서 발생하는 대리비용은, '직접 대리비용'과 '간접 대리비용'으로 나눌 수 있습니다. 여기서 직접 대리비용은 다시 두 가지로 나눌 수 있는데, 첫째는 경영자가 자신의 이익을 위해 사용하는 비용으로 이는 주주의 이익에는 반하는 것들입니다. 예를 들면, 경영자가 회사의 자금을 이용하여 전용 비행기를 구입하는 등의 비용이지요. 이를 '특권적 소비Perquisite Consumption'라고 합니다. 이러한 특권적 소비는 경영자가 회사의 지분을 적게 가질수록 커지게 되겠지요. 하지만 이 비용은 겉으로 잘 드러나기 때문에 비교적 쉽게 통제할 수 있습니다. 두 번째 직접 대리비용은 이러한 첫 번째 비용의 사용을 감시하기 위해 외부의 감사인을 고용하는 데 드는 비용이지요. 이는 불가피한 지출로, 대리비용을 줄이는 데 사용되는 대리비용이라 할 것입니다.

이러한 직접 대리비용과 달리 간접 대리비용은 포착하고 통제하기가 매우 어렵습니다. 간접 대리비용의 예를 든다면, 한 기업에 새로운 투자안이 있는데 이 투자안은 큰 위험을 내포하고 있습니다. 하지만 순현가가 양의 값을 가져서 주가를 상승시킬 가능성이 있다고 가정하겠습니다. 이 경우, 기업의 주인인 주주는 당연히 이 투자안을 실행하고자 할 것입니다. 하지만 경영자의 경우는 만일 이 투자안이 실패로 돌아갔을 때 자신의 거취에 미치는 영향을 생각하여 투자안을 실행하지 않을 수도 있습니다. 투자안이 실패했을 때 자신이 해고될 수도 있다고 생각하는 것이지요. 이처럼 '투자기회의 상실'과 같은 간접 대리비용은 비용의 발생을 파악하기도 힘들고 통제하기도 힘들죠.

위에서 말씀드린 대리비용은 결국 경영자의 지분과 직접적인 연관이 있습니다. 예를 들어 경영자가 100% 지분을 가졌을 때와 40%의 지분을 가졌을 때 경영자가 얼마나 열심히 일을 하게 될 것인가를 보면, 경영자의 지분과 대리비용 간의 관계를 쉽게 이해하실 수 있을 겁니다."

	기업의 현금흐름	경영자의 몫 (지분 100%라면)	경영자의 몫 (지분 40%라면)
7시간 일하는 경우	5천만 원	5천만 원	2천만 원
10시간 일하는 경우	8천만 원	8천만 원	3천2백만 원
3시간 추가 노동의 대가	3천만 원	3천만 원	1천2백만 원

"이 예를 보니 훨씬 이해가 잘 되시죠? 경영자가 회사의 지분을 전부 소유하지 않는 한 추가 노동의 대가를 다른 주주와 공유해야 하며, 만일 자신의 몫이 작다면, 그만큼 열심히 일할 유인도 떨어지게 되는 것이지요."

"네, 그렇군요."

"아까 '유한책임'에 대해서 말씀드렸지요? 즉 주주는 기업이 파산을 해도 자신의 투자액 이상으로는 책임을 지지 않는다는 것을 말하는 것인데요. 이를 '다운워드리스크Downward Risk'라 합니다. 반면 채권자의 경우 기업의 수익이 기대 이상으로 좋아도, 정해진 이자만을 받게 되므로 '업워드리스크Upward Risk'가 없지요. 이럴 경우 주주와 채권자 간의 이해가 상반되는 경우가 생기게 됩니다. 즉, 주주는 매우 공격적인 투자를 선호하게 되고, 채권자는 안정적인 투자를 선호하게 된다는 것입니다. 자, 다음의 예를 보도록 하겠습니다."

어느 기업이 현재 1억 원의 현금을 소유하고 있다고 가정해 봅시다. 그러면 1년 후면 약 1억 3천만 원의 부채를 갚아야 합니다. 이 기업은 현재 투자안 A와 B를 가지고 있는데, 이는 둘 다 1억의 투자를 필요로 하고 있어요. 그런데 1년 후 발생하는 수익구조는 이렇게 다릅니다."

투자안A	10%의 확률로 수익 3억 원 발생 90%의 확률로 수익 0원	NPV = 3천만 원 - 1억 원 = -7천만 원
투자안B	100%의 확률로 1억2천만 원의 수익 발생	NPV = 1억2천만 원 - 1억 원 = 2천만 원

"결과는 말하지 않아도 알 것 같네요. 투자안 B는 순현가가 (+)가 되는 정상적인 투자가 될 것이고, A는 (-)가 되는 비정상적인 투자이고 말입니다. 그런데 내가 주주라면 A를 선택하겠는데요? B는 10%의 확률로 1년 후에 모든 이익은 채권자에게 돌아가는 반면, 투자안 A는 10% 확률이지만 주주는 1억 5천만 원이라는 이익을 가져 갈 테니까요."

"네, 정확하게 이해를 하셨습니다. 이처럼 주주와 채무자의 대리관계는 위험한 투자를 선택하도록 유인하는 것 외에도 수익성 있는 투자를 포기하도록 유인하는 경우를 만들기도 해요. 비록 투자의 순현가가 플러스라도 해도, 투자에 따라 부가 주주에게서 채무자에게로 이전될 경우엔 그렇겠죠. 자, 또 하나 예를 더 들어 볼까요?

자, 만약 투자비용이 1억 원이고, 미래현금흐름의 현가가 1억 7천만 원이라고 한다면, 주주들은 반드시 이 투자안에 투자를 할까요?"

"만약 자기자본만으로 자금을 조달하게 된다면, 주주는 7천만 원의 이익을 얻게 되니까 반드시 투자를 하게 되겠죠. 물론 부채를 사용하는 경우에는 이야기가 좀 달라질 것 같은데…."

"네. 그럼 좀 더 이해가 쉽도록 이 표를 한번 보면서 설명해 보겠습니다."

투자 전 기업가치

	호황(50%)	불황(50%)
기업가치	5억	2억4천
부채가치	4억	2억4천
자기자본가치	1억	0

투자 후 기업가치

	호황(50%)	불황(50%)
기업가치	5억+1억7천만=6억7천만	2억4천만+1억7천만=4억1천만
부채가치	4억	4억
자기자본가치	2억7천만	1천

"그림을 보면서 들어 보세요. 어떤 기업이 있는데, 이 기업에는 현재 부채가 4억 원이 있습니다. 그런데 미래의 경제상황에 따라 부채를 전부 갚을 수도 있고 또는 일부만 갚게 될 수도 있다고 합니다. 호황이어서 기업가치가 5억 원이 되면 모든 부채를 다 갚고, 불황이어서 기업가치가 2억 4천만 원밖에 되지 않으면, 부채를 2억 4천만 원만 갚게 되는 것이지요. 그런데 만일 주주가 스스로의 자금 1억 원을 이용하여 투자를 하면, 기업가치가 호황과 불황에 각각 1억 7천만 원씩 늘어나게 됩니다. 이럴 경우 부채의 가치는 이제 호황과 불황에 모두 4억 원이 됩니다. 즉 주주의 투자를 통해서 증가된 기업가치의 대부분이, 부채변제에 사용되는 것이지요. 이런 경우 채권자와 주주의 부富를 각각 계산해 볼까요?"

‣ 채권자의 부

- 투자 전: 4억 × 0.5 + 2억4천 × 0.5 = 3억2천만
- 투자 후: 4억 × 0.5 + 4억 × 0.5 = 4억

  → 투자 후 8천만 원 증가

‣ 주주의 부

- 투자 전: 1억*+ (1억 × 0.5 + 0 × 0.5) = 1억5천만

  (*1억은 투자를 위한 현금이다)
- 투자 후: 2억7천 × 0.5 + 1천만 × 0.5 = 1억4천만

  → 투자 후 1천만 원 감소

"투자안은 1억을 투자해서 7천만 원의 이익을 가져다주는데, 채권자의 부가 8천만 원이 늘어난 반면 주주의 부는 1천만 원이 감소한 걸 알 수 있습니다. 그러니 주주에게는 이 투자에 투자할 유인이 없는 것이겠죠."

"이런 여러 가지 단점에도 불구하고 어쩔 수 없이 소유와 경영의 분리가 필요한 시점이 있고, 또 그래야 하는 상황이 온다면… 지금의 우리처럼 말이죠. 그때는 그 '대리비용'을 최소화시킬 수 있는 방법을 찾는 게 최선일 것 같군요. 그렇지요?"

"네. 사실 대리비용을 감소시키는 것은 기업의 입장에서뿐 아니라 전반적인 경제 상황에서도 매우 중요합니다. 그런데 대리비용을 감소시키기 위해서는 시장 메커니즘의 작동이 매우 중요합니다. 즉 경영자의 노동시장이 역할을 잘 해준다면, 주주는 언제든지 새롭고

능력 있는 경영자를 선임할 수 있으므로 경영자는 스스로 대리비용을 줄이려 노력하겠지요. 따라서 경영자는 주주의 이익을 극대화하고 노동시장 내에서 자신의 몸값을 올리기 위해 노력하겠고요. 대리비용의 감소 방안은 아래의 자료에 잘 요약되어 있습니다."

대리비용의 감소 방안

자본시장의 존재는 먼저 부채의 대리비용을 감소시킬 수 있다. 채권자들의 대리비용은 채권의 가치가 주주에게 이전될 때 생긴다. 예를 들어, 주주가 부채를 통해 얻은 현금을 고액의 배당금으로 지급받을 수 있는 가능성이 부채의 대리비용인 것이다.

그러나 만약 채권자가 회사의 주식을 소유한다면 양자 사이의 부의 이전은 문제되지 않는다. 일본의 경우 은행들이 거래하는 기업의 주식을 대량 보유하는데 이를 '재무적 통합'이라 한다. 자본시장의 존재는 경영자와 주주의 대리비용을 없애는 데도 도움이 된다. 자본시장의 존재는 기업에게 잠재적인 M&A 대상 가능성을 의미한다.

만약 경영자가 주식 가치를 적절히 유지하지 못한다면 인수합병의 타겟이 될 것이다. 때문에 자본 시장의 존재로 경영자는 주식 가치를 유지하기 위해 노력할 것이고 이는 주주의 이익 극대화를 의미하므로 대리비용을 줄이는 셈이다.

부채의 대리비용을 줄이기 위해 '부채계약Debt Contract'을 한다. 부채계약에는 채권자를 보호하기 위한 여러 가지 조항들이 포함된다. 예를 들면, 기업이 과도한 다른 부채를 짐으로써 부채의 가치 전체를 희석시키는 것을 막기 위해 부채 제한 규정이 있을 수 있고, 파산 직전의 기업이 배당을 통해 자본금을 주주들에게 나누어 주는 것을 방지하기 위해 이자를 지급하기 전엔 배당을 못하게 하는 규정이나 부채지급 능력이 안 될 때 배당을 지급하는 것을 금지하는 조항을 포함시킨다. 만약 이런 조항이 없을 경우엔 기업은 저렴한 비용으로 자금을 빌릴 수 없을 것이다.

주주와 경영자 사이의 대리비용을 없애기 위해선 기업의 여러 가지 감시제도와 경영자 유인장치를 이용한다. 경영자는 언제나 주주보다 내부의 정보를 더 가지고 있다. 주주들의 권익을 보호하기 위해선 여러 가지 법적 제도적 장치를 마련한다. 이사회, 감사 위원회, 내부자거래 금지 제도 등이 그것이다. 그러나 현실적으로 경영자의 모든 활동을 감시하고 통제하는 것은 불가능하다. 때문에 경영자가 주주의 이익을 위하여 일할 수 있는 유인장치를 사용하는 것이 필요하다. 스톡옵션이 그 대표적인 예라고 할 수 있다.

Chapter Summary

소유와 경영을 분리하는 것에 따르는 장점과 단점

장점

- 기업의 경영자가 바뀌어도 소유자는 바뀌지 않으니까 기업은 이에 관계없이 계속해서 기업활동을 할 수 있다.
- 능력을 갖춘 경영자를 고용함으로써 경영성과를 높일 수 있다.
- 소유와 경영의 분리는 주주들의 기업경영에 관한 정보수집비용을 줄여 주기도 한다.

단점

소유와 경영의 분리에는 반드시 '대리인' 문제가 따른다. 이는 두 가지로 나누어 생각해 볼 수 있다.

- 직접 대리비용: 직접 대리비용에는 경영자의 특권적 소비와 같은 주주의 이익에 반하는 경영자의 지출이 있고, 이러한 지출을 감시하기 위한 감시비용이 포함된다.
- 간접 대리비용: 여기에는 투자기회의 상실과 같은 기회비용적 성격을 갖는 비용이 포함되며, 이는 주주의 입장에서 관리하기 매우 어려운 비용이다.

6강
Ping Car의 미래를 위한 배당정책 세우기
배당정책, 어떻게 세워야 할까?

오랜 친구와 맥주 한잔의 여유

창밖은 짙은 어둠으로 가득하다. 최근 해가 지기 전에 퇴근해 본 게 언제였을까. 물론 당연한 일이라고 생각하지만, 그래도 가끔은 서글픈 생각마저 들 때가 있다. 책상 위에 쌓여 있는 서류들은 인한에게 이중의 의미로 다가온다. 처리해야 할 일이 산더미 같다는 생각, 또 그 일들을 조금이라도 더 완벽하게 처리해 내고 싶다는 생각에 가슴 한가득 부담감으로 다가오기도 하고, 한편으로는 몇 번의 위기 속에서도 잘 버텨 여기까지 원만하게 사업을 이끌고 온 데 대한 자긍심으로 다가오기도 한다.

그러나 요즘은 부쩍 바쁘다. 버핏이라는 오른팔이 든든히 자리를 지키고 있음에도 불구하고, 주주총회가 열릴 때마다 준비해 가야 할 서류들이 점점 늘어 가고 있는 것이다. 저녁시간임을 까맣게 잊은 채 일에 몰두하고 있을 때, 전화 한 통이 걸려 온다.

"야, 오늘 약속한 거 잊은 거야? 자식, 아무리 바빠도 그렇지 몇 달 만에 잡은 술 약속인데 이것마저 어기는 건 너무한 거 아니야?"

"아, 이런! 지금 몇 시지? 아 벌써 9시구나. 미안하다, 야. 지금 바로 챙겨서 나갈게."

"아이고, 됐네요. 바쁘신 분이 뭘…."

"아니야. 지금 택시 타고 가면 금방 갈 수 있어. 내가 쏠 테니까 거기서 조금만 기다려. 알았지?"

"허허, 됐다니깐."

딸깍.

"아, 여보세요? 여보세요?"

전화가 끊어지고 인한은 마음이 좋지 않다. 서로 바쁘다 보니 겨우 시간을 맞춘 것이었는데, 메모를 해두었건만 서류들 사이에 묻혀 새카맣게 잊어버리고 있었던 것이다. 인한은 지금이라도 가봐야겠다는 생각에 외투를 챙겨 들고 나섰다. 그때 사무실 문이 열리면서 누군가가 들어왔다.

"짜잔!"

인한의 눈앞에 나타난 것은 다름 아닌 병구.

"야! 어떻게 된 거야? 깜짝 놀랐잖아."

"내가 너 이러고 앉아 있을 줄 알았어. 하루 이틀 겪냐? 그래도 친구 좋다는 게 뭐니. 이심전심이라고, 말 안 해도 내가 그 맘 알아줘야지. 출출하지 않아?"

"그러게 말이야. 너도 나 때문에 저녁도 못 먹었겠구나. 아, 이거 참, 할 말이 없다."

"자, 이것도 깜짝 선물! 치킨이랑 맥주 사 왔어. 우리 예전에는 자주 이렇게 먹었었잖아. 오늘은 네 사무실에서 좀 죽치고 앉아야겠다. 어때, 괜찮지?"

"야아!! 진짜 감동의 도가니 속으로 날 몰아넣는구나. 역시 너밖에 없다. 자자, 얼른 앉아."

"그래. 할 일은 거의 다 한 거지?"

"끝이 있겠니? 또 아무리 많이 쌓여 있어도 네가 이렇게 누추한 곳까지 행차를 해주셨는데, 내가 모든 스케줄을 다 빼야지. 안 그래? 자, 얼른 앉아서 한잔 마시자."

"그래, 그러자."

병구는 캔맥주를 시워하게 한 모금 들이킨 후 인한의 사무실을 둘러본다. 마지막으로 왔을 때와는 사뭇 달라진 모습을 발견하고는 인한이 실제로 많이 바쁘다는 사실을 실감한다. 책꽂이에 한가득 늘어난 자료들이며, 자기계발에 필요한 책들, 그리고 무엇보다 책상 위에 겹겹이 쌓인 서류들….

자신도 젊은 나이에 사업을 시작해 피땀 흘려 가며 이끌어 가고 있긴 하지만, 인한의 모습을 보니 마음 한 켠이 안쓰럽다. 워낙 열정적이긴 하지만 좀처럼 힘든 것을 내색하지 않는 인한이, 힘든 일도 많을 텐데 역시나 말 한마디 않고 이렇게 기업을 잘 이끌어 가고 있다는 사실이 참 대견스럽기도 하다.

“야, 무슨 서류가 저렇게 많아? 잘나가는 사장님 책상 위는 원래 그런 거야?”

“에휴… 말도 마라, 말도 마. 그러잖아도 요즘 저 서류들 때문에 골치야.”

“야, 아무리 바빠도 건강 챙겨 가면서 해. 그 다크서클은 뭐냐? 남자든 여자든 다크서클 보기 싫더라. 예전엔 밤샘한다고 맨날 나한테 잔소리하더니, 너 요즘 운동은 꾸준히 하고 있어?”

“그나마 2개월 전까지는 하루에 30분이라도 꾸준히 했는데, 요즘은 그것도 못해. 곧 다시 시작해야지, 계속 그러고만 있어.”

“그래, 얼른 시작해. 한번 안 하기 시작하니까 계속 미루게 되고 결국엔 못하게 되더라. 건강할 때 잘 챙겨야지. 안 그래? 저 서류들은 다 결재해 줘야 할 것들이야?”

“그런 것도 있고 아닌 것도 있어. 절반은 다 주주총회를 위한 것들이고. 휴우….”

“너, 너희 회사 배당정책은 세웠어?”

“배당정책? 글쎄. 아직 배당에 대해선 생각해보지 못했어. 배당을 하기엔 너무 이른 게 아닐까?”

“야야, 그런 소리 마. ‘배당을 지급하지 않는 것’도 하나의 배당정책이란 거 모르니? 게다가 투자자들에게 배당은 가장 중요한 문제 중 하나이기 때문에, 배당정책은 반드시 미리 세워 두어야 해. 내가 오늘 잘 왔구만. 무지한 너를 위해 배당정책에 대해 한 수 알려 주고 가야겠다.”

"그래. 난 사실 그 개념도 명확하게 알고 있지 않은 상태거든."

배당정책이란 무엇일까?

"자, 우선 하나 물어보자. 투자자들이 회사의 주식을 사는 이유가 뭘까?"

"그야 뭐… 미래에 그 기업이 잘 되어서 주가가 오르면 수익을 얻을 수 있으니까 그렇겠지."

"그렇지. 그런데 이렇게 투자자들이 주식을 통해 얻을 수 있는 수익에는 두 가지가 있어. 네가 말한 것처럼 먼저 보유한 주식을 처분하고 처음 구입했던 주식의 가격과의 차액으로 수익을 얻는 방법을 '자본수익'이라고 해. 또 하나는 바로 '배당수익'이라는 건데, 회사에서 영업활동을 통해서 이익을 분배하는 배당을 통해서 얻는 수익이야. 그런데 우리는 이것을 기업의 입장에서 봐야겠지. 기업에서는 벌어들인 이익을 주주에게 줄 배당금과 회사에 남겨둘 유보이익으로 나눌 결정을 해야 하잖아. 이것을 바로 '배당정책'이라고 하는 거야."

"아아… 그러면 배당의 크기, 배당의 형태, 배당의 시기, 뭐 이런 것도 다 포함하고 있겠구나?"

"그렇지! 기업이 얻은 이익을 사내에 얼마나 유보할 것인지, 또 얼마나 배당을 지급할 것인지, 배당을 지급할 때 만약 부족한 자금은 어떤 방법으로 조달할 것인지 하는 복합적인 재무의사결정과정이라고 할 수 있어. 보통 미래 성장 및 투자기회가 많은 기업은 배당을 줄이고 사내유보Retained Earning를 늘리고, 성숙단계에 접어들어서 현금흐름은 풍부하지만 미래 투자기회가 별로 없는 기업은 배당을 늘리지.

앞으로의 성장을 위해서 이익을 유보해 재투자를 하는 것도 중요하지만, 투자자에겐 수입의 한 요인인 배당도 중요하니까 기업가치를 극대화하기 위해서는 유보이익과 배당을 적절히 조화시킬 필요가 있어. 이것이 배당정책의 목적이지."

"나중에 생각해 봐야겠네, 하고 있었는데 이거 우습게 생각할 문제가 아니었구나. 그러면 우리 Ping Car 같은 경우에는 어떡해야 하지? 배당을 지불해야 시장에서 우리 회사 가치가 높아지는 거 아니야?"

"반드시 배당을 지불해야만 주식의 가치가 높아지는 건 아니야. 너도 알겠지만 주주들은 주식을 처분해서도 수익을 얻을 수 있으니까. 배당은 꼭 현금으로 지급되는 것도 아니고 말이야."

"아, 배당을 꼭 현금으로 지급하는 건 아니구나. 회사가 자사주를 매입해도 결국은 주식가격이 올라가고, 주주들의 부가 증대할 테니까 말이야. 이것도 배당의 한 종류가 될 수 있구나."

"그렇지. 배당은 결국 기업가치와 투자자의 부와 밀접한 관련이 있어. 배당이 기업가치와 주주의 부에 미치는 영향에 대해서 모디글리아니와 밀러, 즉 MM은 '완전자본시장'을 가정한 상태에서 '배당무관련이론Dividend Irrelevance Theorem'을 주장했어."

"배당무관련이론?"

알아 두기

배당의 종류

- 현금배당Cash Dividend: 가장 일반적인 형태. 정기적으로 지급하는 정규현금배당과 특별현금배당이 있다
- 주식배당Stock Dividend: 회사의 주식을 배당으로 지불하는 것. 예를 들어 주식배당이 10%라면 주식을 10주 소유한 소유주들은 1주를 더 받는다. 실적적인 현금 유출이 없으므로 주식분할Stock Split의 한 형태로 인식된다.
- 자사주매입Stock Repurchasing: 회사가 주식을 시장에서 사들이는 것으로 시장 전체의 주식의 수가 줄기 때문에 주식의 가치가 높아진다. 공개시장을 통해 매수를 하는 경우가 있으며 그린메일러에게 프리미엄을 주고 자사주를 매입하는 경우도 있다.

  ※ 그린메일: 경영권이 취약한 대주주에게 보유주식을 높은 가격에 팔아 프리미엄을 챙기는 투자자를 그린메일러Green Mailer라 하고, 이때 보유주식을 팔기 위한 목적으로 대주주에게 편지를 보내는데 달러가 초록색이어서 그린메일이라는 이름이 붙여졌다.

- 청산배당Liquidating Dividend: 기업의 청산과정에서 채권자 지분을 지급하고 남은 자산을 주주에게 나누어 주는 것

배당무관련이론에 대해 알기

MM 배당무관련이론

만약 거래비용과 세금이 없는 완전경쟁시장이라면 어떤 배당정책을 취하든지 기업가치와 투자자의 부엔 영향이 없다. MM(Miller and Modigliani)에 따르면 투자자들은 현금배당을 받은 것을 사용해 주식을 구입할 수도 있고 가격이 오른 주식을 팔아 현금으로 사용할 수도 있기 때문이다.

"자, 내가 예를 하나 들어서 설명해 줄까? '(주)삼통'이라는 회사가 있고, 이 회사가 1,000개의 주식을 발행했다고 치자. 주식 가격은 1만 원이고 말이야. 2025년 한 해 동안 이 회사는 100만 원의 수익을 올렸지. 자, 인한 네가 만약 이 회사의 주식을 10개 가지고 있다고 가정해 보자. 기업가치는 '1,000주×1만 원'이니까 1,000만 원이 되겠지? 회사가 2025년에 얻은 수익을 모두 배당으로 지급한다면, 주당 배당금은 100만 원/1,000주니까 1,000원이 될 거야. 그러면 배당을 받게 된다면 인한 너는 10개를 갖고 있었으니까, 1만 원을 받게 되겠지.

배당을 하더라도 회사의 가치는 여전히 1,000만 원이니까, 주식 가격도 여전히 1만 원이 될 거야. 따라서 인한이 네 자산은 현금 1만 원에다가 주식 가치 10만 원을 더한 게 되는 거야."

"아, 그렇구나. 그러면 배당이 없다면 어떻게 되는 거야?"

"배당이 없다면 회사의 가치는 100만 원에다 1,000만 원을 더한 값이 되니까, 1,100만 원이 되겠지. 시장에는 1,000개의 주식이 있으니까, 주식 가격은 11,000원이 될 거야. 자, 그럴 경우 네 자산은 11,000×10이니까 11만 원이 되겠구나. 그러면 너는 올라간 주식 자산 중에 일부를 처분해서, 전체 주식 자산가치를 일정하게 유지하면서 현금을 얻을 수 있지."

"음… "

"잠깐, 종이 한번 줘봐. 내가 이해하기 쉽게 그림으로 그려 볼게."

"응, 그래. 여기 있어."

배당이 있는 경우과 없는 경우

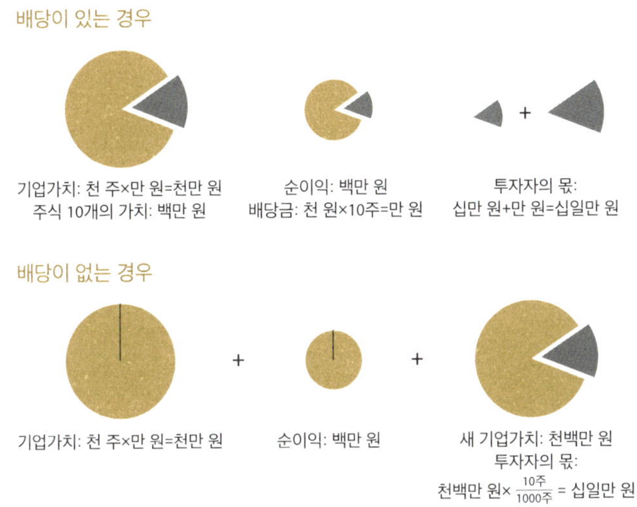

"하하, 이렇게 그려 놓으니까 진짜 쉽네. 근데 병구야. 나 궁금한 게 있는데, 실제로는 거래비용이라든가 세금 같은 게 존재하잖아. 이런 경우에는 어떻게 해야 하는 거야?"

"그래. 만약 앞에서 본 예처럼 시장이 완전하다면 회사는 굳이 배당정책을 세울 필요가 없어. 하지만 실제로는 투자자와 기업 간에 정보의 비대칭성, 즉 불균형도 존재하고, 네 말처럼 거래비용이라든가 세금 부분도 고려해야 하지. 따라서 배당은 기업가치와 투자자의 부에 여러 가지 영향을 끼친다고 할 수 있어."

"그러면 배당이라는 게 기업가치를 꼭 상승시키는 것만도 아니고, 꼭 하락시키는 것만도 아니겠구나. 우리 Ping Car는 어떻게 해야 좋을지 모르겠네."

"네 말처럼 배당은 때로는 기업가치를 떨어뜨리는 효과를 가져오기도 해. 기업이 외부로부터 자금을 조달해야 할 경우에는 사채나 신주를 발행하거나, 혹은 은행에서 차입을 해야 하잖아. 이때는 거래비용이라는 게 생길 테고. 배당성향이 큰 기업은 그만큼 외부에서 많은 자금을 조달해야 하는데, 이때 거래비용을 지불해야 하니까 그만큼 기업가치의 손실을 겪게 되는 거지.

또 세금 문제도 마찬가지야. 배당은 법인세 차감 후의 순이익에서 나오는 거잖아. 그러니까 개인소득세만 배당에 영향을 미쳐. 기업이 배당을 지급하면 개인은 배당금의 일부를 배당소득세Dividend Tax로 납부를 해야 해. 배당을 지급하지 않는 경우엔 기업 수익이 주가상승으로 이어지지. 만약 투자자가 주식을 팔아 이익을 낸다면, 이때는 자본이득세Capital Gains Tax를 납부해야 해. 물론 우리나라에는 자본이득세가 없으니까 세금만을 고려한다면 배당을 할 유인이 없어지는 거지.

"그러면 배당이 기업가치를 상승시키는 역할을 할 수 없는 거야?"

"그래, 방금 전 이야기한 것과 반대로 배당이 기업가치를 상승시키는 효과를 가져올 때도 있어. 거래비용과 세금만 생각한다면 배당을 전혀 하지 않는 게 주주의 부를 극대화하는 배당정책이 되겠지만, 실제로 배당이 이루어지는 건 당연히 이점이 있기 때문이겠지?

먼저 배당은 '대리인 문제'에서 오는 대리비용을 줄이는 역할을 해. 대리비용에 대해서는 알고 있을 거 아냐. 기업의 배당성향이 높다면 경영자들의 특권적 소비처럼 그런 유의 낭비가 줄어들게 되지. 즉, 기업 내부의 잉여현금을 없애게 됨으로써 경영자가 특권적 소비를 못하게 되는 거야. 만일 잉여현금이 없는 기업의 경영자가 특권적 소비를 한다면, 이러한 소비의 재원이 외부로부터 들어와야 하는데 이 경우는 새로운 자금의 조달자인 외부금융기관이 엄격한 감시를 하게 되므로 경영자가 허튼 소비를 하지 못하게 되는 거지.

또 배당에는 정보효과가 있다고도 해. 즉 주식시장에서는 기업의 내부 경영진과 외부 투자자 간에 엄연한 정보의 불균형이 존재하는데, 투자자는 배당을 통해 기업의 향후 현금흐름에 대한 정보를 얻기도 해. 배당이 늘어난다면 긍정적인 미래 현금흐름을 예상할 수 있고, 배당이 줄어든다면 부정적인 미래를 예상해 볼 수 있지. 배당의 증감은 주가에 엄청난 영향을 주기 때문에, 기업 입장에서는 미래의 현금흐름에 정말로 자신이 없으면 배당을 늘리려 하지 않게 되지. 그럼에도 불구하고 기업이 배당을 늘렸다는 것은 투자자에게 미래의 현금흐름이 매우 안정적일 것이라는 것을 알리는 신호가 되는 거지."

Ping Car의 힘찬 도약을 위하여

"야… 덕분에 진짜 배당에 대해서만큼은 확실히 이해가 된 것 같아. 배당도 잘만 활용하면 기업가치를 높이는 데 도움이 될 것 같은데…."

"이건 그냥 내 생각인데 말이야…. Ping Car는 설립된 지 그리 오래되지도 않았고, 아직 투자할 곳도 많잖아."

"그렇지."

"그러니 당분간 배당은 좀 유보하는 게 어떨까 싶어."

"그래, 나도 그런 생각이 든다. 주주들도 회사의 주인이니까 당장 이익이 없더라도 회사가 더 성장해서 미래에 더 큰 이익을 내게 되는 걸 원할 거야. 내일 박 이사와 상의를 좀 해봐야 할 것 같아."

"그래. 박 이사도 뭔가 생각해 둔 게 있을 거야."

"응. 그렇겠지."

"너는 참 인복이 있는 사람이야. 물론 내 밑에도 날 항상 받쳐 주는 듬직한 사람들이 있지만, 네 주위에 보면 항상 도와주고 신경 써 주는 사람들이 많은 것 같아. 나를 포함해서 말이야. 하하하."

"그러게. 나도 고맙게 생각하고 있어. 박 이사도 그렇고, 너도 그렇고 말이야. 이 사람들이 없었으면 내가 어떻게 여기까지 왔겠어? 삼촌에게도 참 고맙고, 삼촌이 소개시켜 준 그녀도 고맙고."

인한이 무언가 생각에 잠기는 듯한 표정을 짓자, 뭔가 살짝 눈치를 챈 병구는 웃으면서 물었다.

"야, 너 누구 좋아하는 사람 생긴 거 아냐? 삼촌이 소개시켜 준 그녀라니…."

"어, 어? 그런 건 아니고…. 항상 많은 사람들에게서 도움만 받는 것 같아서 말이야. 빨리 성공해서 나도 베풀면서 살고 싶어."

"자자, 성공도 중요하지만 때로 이렇게 맥주 한잔의 여유라도 가져야 하지 않겠어? 맥주 김 다 빠졌겠다. 자, 한잔 하자구."

"어, 그래 그래. 내 정신 좀 봐라. 하하. 자, 우리 사업의 성공을 위하여~!”

“위하여~!”

병구와 인한은 즐겁게 잔을 올렸다. 두 잔은 ‘핑’ 하고 힘찬 도약의 소리를 내는 것 같았다. 병구의 말처럼, 주위에 많은 사람들이 자신을 지켜보고 또 격려해 주고 있다는 생각에 인한은 힘이 솟았다.

Chapter Summary

배당정책이란?

투자자들이 회사의 주식을 사는 이유

미래의 수익을 기대할 수 있기 때문.

투자자들이 주식으로부터 얻을 수 있는 수익

- 자본수익: 보유한 주식을 처분하고 처음 구입했던 주식의 가격과의 차액으로 얻는 수익.
- 배당수익: 회사에서 영업활동을 통한 이익을 분배하는 배당을 통해서 얻는 수익.

배당정책의 의미

- 기업이 벌어들인 이익을 주주에게 줄 배당금과 회사에 남겨둘 유보이익으로 나누는 결정을 하는 것.
- 배당정책은 구체적인 실행절차로서 배당의 크기, 배당의 형태, 배당의 시기에 대한 의사결정을 포함한다. 기업의 배당정책은 기업이 얻은 이익을 사내에 얼마나 유보하고 얼마나 배당을 지급할 것인가, 또 배당지급 시 발생 가능한 자금부족분을 신주나 사채발행 또는 차입금 등 어느 방법으로 조달할 것인가 하는 복합적인 재무의사결정이라 할 수 있다.

  일반적으로 미래 성장 및 투자 기회가 많은 기업은 배당을 줄이고 사내유보를 늘리며, 성숙단계에 접어들어 현금 흐름은 풍부하나 미래 투자기회가 별로 없는 기업은 배당을 늘린다.

배당정책의 목적

기업의 성장을 위해선 이익을 유보하여 재투자를 하는 것도 중요하지만 투자자에겐 배당도 중요하므로, 유보이익과 배당금의 영향을 잘 조화시켜 기업가치를 극대화할 수 있는 배당수준을 결정하는 것이 배당정책의 목적이다.

배당정책의 기업가치에 대한 효과

기업가치를 하락시키는 배당의 작용

- 세금과 거래비용의 존재로 인해 기업가치를 떨어뜨리는 효과를 갖는다:
  기업이 외부로부터 자금을 조달해야 하는 경우, 사채를 발행하거나 신주를 발행하거나 혹은 은행에서 차입을 하는 경우 거래비용이 수반된다. 때문에 배당성향이 큰 기업은 그만큼 외부에서 많은 자금을 조달해야 하므로 거래비용을 지불해야 하고 그만큼 기업가치의 손실을 겪게 된다.
- 배당과 기업가치와의 관계에서도 세금은 중요한 요인이다:
  배당은 법인세 차감 후의 순이익에서 나오므로 개인소득세만 배당정책에 영향을 미친다. 기업이 배당을 지급하면 개인은 배당금의 일부를 배당소득세로 납부해야 한다. 배당을 지급하지 않는 경우엔 기업 수익이 주가의 상승으로 이어져, 만약 투자자가 주식을 팔아 이익을 실현한다면 자본이득세를 납부해야 한다. 자본이득세와 배당소득세가 같다면 세금만을 고려할 때 배당정책은 주주의 부에 영향을 끼치지 않을 것이다.

기업가치를 상승시키는 배당의 작용

- 대리인 문제에서 오는 내리 비용을 줄이는 역할을 한다:
  기업의 배당성향이 높다면 경영자들의 특권적 소비와 같은 낭비가 줄어들게 되며, 기업은 외부에서 자금을 조달해야 한다. 이는 거래비용의 지출을 수반하지만 외부 금융기관에선 엄격한 기준을 요구하므로 경영자는 이를 맞추기 위해 기업의 효율성과 투명성을 높일 것이다. 이는 주주의 감시비용의 절감을 의미한다.
- 배당은 정보효과를 갖는다:
  주식시장엔 투자자와 기업 간의 정보의 비대칭성이 존재하기 때문에 수익성이 있는 기업은 자신의 강점을 증명할 필요가 있다. 배당의 지급하거나 증가시키는 것은 기업의 미래 수익성에 대한 긍정적 정보효과를 갖는다. 실제로 특별배당의 지급이나 배당의 상승은 주식가격의 상승으로 연결된다.

4 기업에 위기 상황 발생!

성공에 다다르기 위해서는 수많은 시행착오가 필요하지. 그 과정 속에는 분명 '실패'에 대해서도 항상 대비하고 있어야 할 거야. 사업에는 수많은 위험요소들이 있는데, 그것을 고려하지 않고 늘 '잘된다'라고만 생각한다면 결코 발전이란 있을 수 없을 거야. 이제부터는 여러 가지 정책들을 잘 살펴보고, 적절한 곳에 그것을 적용해 나가도록 하자.

7강

예측할 수 없는 위험에 대비하라!

선물과 옵션, 그리고 위험관리에 대해 이해해 보자

Ping Car 중국 시장 진출을 축하하며

오늘은 특별한 날이다. 전사적인 회식을 통해 축하해야 할 일이 생겼기 때문이다. 인한은 회사 홈페이지 메인에 뜬 글귀를 확인하고 흐뭇한 웃음을 지었다.

'Ping Car 중국시장 진출의 역동적인 출발을 축하합니다!'

오랜 준비와 계획 끝에 진행된 일이었던 만큼, 첫 출발은 굉장히 성공적이었다. 뿌듯한 마음을 감출 수 없어 인한의 얼굴은 연일 싱글벙글이었다. 항상 냉철함을 유지하던 버핏도, 회식에 관련된 공지를 내리면서 밝은 표정을 감추지 못했다.

"사장님, 왠지 느낌이 좋은데요?"

"느낌만으로는 부족하죠. 앞으로 지켜봐야겠지만, 저는 반드시 성공시킬 거라는 확신을 갖고 있어요."

"그렇죠! 오늘은 제대로 한잔 하셔야 합니다. 직원들에게 수고했다는 말도 꼭 전하시고, 중국에 나가 있는 직원들에 대한 격려도 잊지 마세요."

"당연히 그래야죠. 그분들이 우리보다 훨씬 더 고생하고 있을 텐데요."

한동안 이런저런 준비로 바쁜 탓에, 종종 부서별로 회식을 하라는 지시가 있었는데도 직원들은 맘 놓고 회식 자리 한번 갖지 못했다고 털어놓았다. 인한은 정말 수고했고, 또 앞으로의 긴장도 늦추지 말 것을 당부하면서 오늘만큼은 마음껏 먹고 마시자고 격려했다. 발개진 얼굴들에 아랑곳하지 않고, 직원들은 모두 즐겁게 잔을 부딪쳤다.

기분 좋게 집으로 돌아오는 길에, 인한은 반가운 전화 한 통을 받았다.

"안녕하세요? 저 빛나예요. 잘 지내셨죠?"

"아, 이게 누구십니까! 물론 잘 지내지요. 이거 또 먼저 연락을 받았습니다. 아 참."

"그게 무슨 상관이에요. 잘 지내신다니 다행이네요. 목소리가 아주 좋아 보이시네요? 무슨 좋은 일이라도…."

"하하, 제 목소리가 많이 들떠 있죠? 실은 오늘 전 직원들과 회식을 하고 돌아오는 길이거든요."

"아, 네. 그래서 기분이 그렇게 좋으신가 봐요."

"그렇죠. 저희 회사가 드디어 중국 시장으로 진출을 했거든요."

"아, 정말이요? 정말 축하드려요. 이것저것 신경 쓰이는 게 한두 가지가 아닐 텐데, 정말 대단하시네요."

"대단하긴요. 어디 제힘으로 된 게 하나라도 있겠습니까? 빛나 씨도 그렇고, 주변에서 모두들 자기 일처럼 열심히 하고 도와줘서 그렇지요. 그러잖아도 첫 출발이 좋아서 모두들 기대를 하고 있습니다."

"네에. 정말 다행이고, 또 좋으시겠어요."

"빛나 씨, 그냥 안부 전화 주신 거죠? 그런데 이번엔 제가 먼저 데이트 신청을 좀 해볼까 해요. 다음 주 토요일 어떠세요?"

"호호호. 네, 그냥 안부 전화 드린 거 맞아요. 다음 주 토요일이라… 음, 주중에는 시간 내기 힘드신가요?"

"주중이요? 괜찮습니다. 빛나 씨 일정에 맞출게요."

"그렇다면 다음 주 수요일 오후 5시는 어떠세요?"

"네, 좋아요!"

"약속대로 신형 BMW 태워 주시는 건가요?"

"아, 그럼요! 원하시는 대로 모시겠습니다. 하하하."

"그럼 제가 화요일쯤 다시 한번 연락드릴게요. 바쁘셔도 건강 잘 챙기시고요. 그럼 안녕히 계세요."

"네. 빛나 씨도 건강하세요!"

인한은 기분 좋은 전화에 마음이 들떴다. 다음 주 수요일이라면 아직 일주일도 더 남았는데, 벌써부터 가슴이 설레는 것 같았다.

설레는 마음과 함께, 인한은 앞으로 자신의 행보에 대한 진지한 생각에 잠기기 시작했다. 중국 시장 진출과 함께 이제는 좀 더 성숙해진 자신을 느꼈다. 자신을 믿고 따라오는 직원들의 수고를 생각할 때마다 인한은 주먹이 불끈 쥐어졌다. 무엇을 하든 좀 더 신중한 마음으로 해야겠다는 다짐과 함께, 다시 한번 힘을 내야지 생각했다.

그녀와의 설레는 데이트

드디어 수요일 오후 5시. 약속 장소는 두 사람이 처음 만났던 성공빌딩 근처였다. 김빛나 강사가 한번 타보고 싶다고 말했던 신형 BMW를 몰고 나온 인한은, 자신의 차림새가 괜찮은지 계속 신경이 쓰여 몇 번이나 룸미러에 얼굴을 비춰 보며 점검했다. 약속 시간이 10분 정도 남았을 무렵, 갑자기 그녀에게서 전화가 걸려왔다.

"성공빌딩 11층으로 올라오시겠어요? 차는 지하에 주차하시면 됩니다."

"아, 그럴까요?"

인한은 성공빌딩 11층이라고 해서 의아했지만, 일단 주차를 하고 위로 올라갔다. 그곳에는 제일 처음 인한이 삼촌에게 속아 강의를 들으러 왔을 때와 똑같은 광경이 펼쳐지고 있었다. 오른쪽 귀퉁이에서 강의 준비를 하고 있는 김빛나 강사는, 인한이 들어오자 윙크를 해보였다. 그리고 잠시 후 문자 한 통이 날아왔다.

'본격적인 데이트는 강의 후에 해도 늦지 않겠죠?'

인한은 김빛나 강사의 진심을 이해하면서도, 마음 한구석이 괜히 시큰둥해졌다. 이렇게 신경 써서 나왔는데, 정작 해야 할 일은 2시간짜리 강의를 듣는 거라니…. 조금은 실망스러운 기분이었다. 그러나 강의가 시작되자마자, 김빛나 강사의 밝고 자신감 넘치는 목소리가 그의 귀를 사로잡았다. 어느새 인한은 그 목소리에 이끌려 강의 내용에 빠져들기 시작했다.

선도거래와 선물거래

"자, 여러분! 이렇게 바쁜 시간을 내어 와주셨으니, 오늘도 꼭 유용한 정보를 얻어 가시기 바랍니다. 오늘은 '선물과 옵션'에 대해서 설명해드리려고 해요. 먼저 현물거래Spot or Cash Transaction와 선도거래Forward Transaction에 대해 간단하게 설명을 해드릴게요. 현물거래란 매매계약이 성립된 당일에 대금을 지급하고, 상품의 인수·인도가 동시에 이루어지는 거래를 의미합니다. 반면 선도거래란 계약이 먼저 이루어지고, 일정 시간이 경과한 후 대금 지급과 상품 인수·인도가 일어나는 거래를 말하는 거죠. 이것이 표준화된 것이 선물거래Futures Transaction입니다.

'금반지 하나를 3개월 후에 15만 원에 거래한다'와 같은 것은 선도거래가 될 거예요. 반면, 금은방에 가서 금반지를 15만5천 원에 바로 구입하는 것은 현물거래가 될 거고요."

선도거래(Forward)	선물거래(Futures)
• 장외에서 거래 • 당사자 간의 직접거래 • 계약조건 합의 가능 • 만기일에 결제	• 선물거래소에서 거래 • 거래소가 개입 • 계약조건이 표준화되어 있음 • 거래소에 의해 일일정산

출처: 『현대재무관리』, 다산출판사

"자, 이해가 되시죠? 위의 표를 보면, 선도거래는 거래의 당사자들이 서로 합의된 계약을 통해, 미래의 어느 시점에 정해진 가격, 정해진 상품을 거래하기로 하는 것이지요. 이럴 경우, 계약의 한 당사자가 미래의 거래시점에 거래를 불이행할 위험이 생기게 됩니다. 이런 폐해를 막기 위해 조직화된 시장이 성립된 거죠. 그리고 다수를 대상으로 하는 조직화된 시장이 성립되기 위해 거래 대상인 기초자산, 거래조건 등이 표준화되었고요. 결국, 이런 표준화된 선도거래가 일일정산을 통해 이루어지는 것이 바로 선물거래, 또는 선물Futures인 것입니다."

'선물'에 대한 이해

선물거래에서는 선도거래에서는 볼 수 없었던 '일일정산과정' 등이 따르게 되어 있어요. 이는 모두, 선도거래에서 발생할 수 있는 계약 불이행의 위험을 없애기 위한 제도적 장치라고 할 수 있죠. 왜냐하면 만기에 모든 현금 및 현물의 교환이 일어나는 선도거래에 비해, 일일정산을 통해 그때그때 작은 양의 현금이 교환되므로 계약 불이행의 위험이 적은 것이구요.

자, 이렇게 한번 요약해 볼까요? 이건 반드시 알아 두셔야 하는 거니까, 메모도 하고 한번 읽어 보시면서 꼭 기억하도록 하세요."

선물이란?

선물이란 특정 상품을 미래의 특정 시점에, 현 시점에서 미리 정한 가격으로 거래하기로 한 계약이다.

- 기초자산Underlying Asset: 선물거래의 대상이 되는 상품
- 현물가격Spot Price(S): 현재 시장에서 형성되고 있는 기초 자산의 가격
- 선물가격Futures Price(F): 미리 정한 가격
- 만기일Maturity or Delivery Date(T): 거래하기로 약속한 미래의 특정 시점

"이 기초용어들은 앞으로도 계속 사용될 거니까, 반드시 기억해 두셨으면 합니다. 자, 방금 설명한 내용에 대해서 쉽게 이해할 수 있도록 한 가지 예를 들어볼게요. 옥수수를 주원료를 하고 있는 뻥튀기 공장의 사장 '김뻥' 씨가 선물거래를 어떻게 이용하는지 한번 볼까요?"

김빛나 강사의 설명에 모두들 웃음을 터뜨렸다.

"자, 시장에서 현재 거래되는 옥수수의 가격은 1부셸Bushel당 2,000원이며, 김뻥 씨는 6개월 후에 옥수수 1,000부셸을 부셸당 2,200원에 거래하기로 하는 선물거래를 이용할 수 있다고 합시다. 그렇다면 질문을 한번 해볼까요? 거기, 빨간 넥타이 매신 분. 제 질문에 한번 대답해 보세요. 여기서 선물거래의 대상이 되는 옥수수를 뭐라고 부르면 될까요?"

"네, 기초자산입니다."

"그렇죠. 그렇다면 옥수수의 현재 가격인 2,000원을 뭐라고 부를까요?"

"현물가격이라고 합니다."

"네. 그럼 두 가지 질문을 마저 할까요? 옥수수 거래가 일어날 6개월 후와, 정해진 거래가격 2,000원은 각각 뭐라고 부르면 될까요?"

"6개월 후의 거래 시점을 선물거래의 만기일(T), 정해진 거래가격인 2,200원을 선물가격(F)이라고 할 수 있습니다."

"네, 아주 대답을 잘해 주셨습니다."

알아 두기

선물거래의 가치

선물거래를 처음으로 계약할 당시, 선물거래의 가치는 0이 된다. 선물의 매입자와 매도자가 미래의 기초자산을 일정 조건에 거래하기로 '합의'하는 것이 선물거래이므로, 최초 계약시점에는 어느 쪽도 대금을 지불할 필요가 없다. 만일 어느 한쪽이 조건에 만족을 못한다면 결국 계약이 성립되지 않을 것이고 계약조건이 다른 선물거래를 찾게 될 것이기 때문이다. 따라서 선물계약의 최초 시점에는 대금의 지급이 없고 선물거래의 가치는 0이 된다.

"자, 여기까지는 이해가 되셨을 테니까, 이번에는 선물거래의 매입과 매도에 대해서 간단히 말씀드리겠습니다. '선물매입Long Position'이란 만기일에 기초자산을 선물가격으로 매입할 것을 약정하는 것을 의미하고요, '선물매도Short Position'란 만기일에 기초자산을 선물가격으로 매도할 것을 약정하는 것을 의미합니다."

선물거래의 수익(Payoff)

선물매입의 수익 = 만기일의 현물가격 - 선물계약 시 선물가격

선물매도의 수익 = 선물계약 시 선물가격 - 만기일의 현물가격

"선물매입의 경우, 기초자산이 오를수록 이익을 보게 되며, 선물매도의 경우 기초자산의 가격이 떨어질수록 이익을 보게 됩니다. 선물매입을 한 사람이 100의 이익을 보게 되면 선물매도를 한 사람은 100의 손실을 보게 됩니다. 즉 매입자와 매도자의 손익을 더하면 항상 0이 됩니다. 따라서 선물거래는 본질적으로 '0의 게임Zero-Sum Game'이라고 할 수 있어요. 이 그림을 보면 쉽게 이해가 될 겁니다."

선물거래의 수익

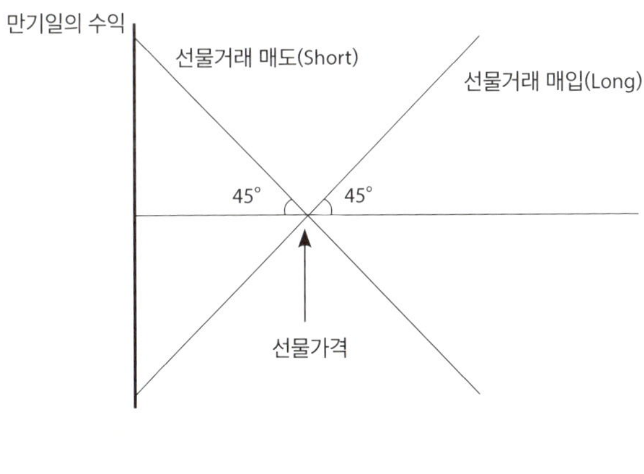

"자, 그리고 이렇게 거래가 이루어지는 선물시장은 이런 조직으로 구성되어 있어요. 여길 한번 보시겠어요?"

선물시장의 조직

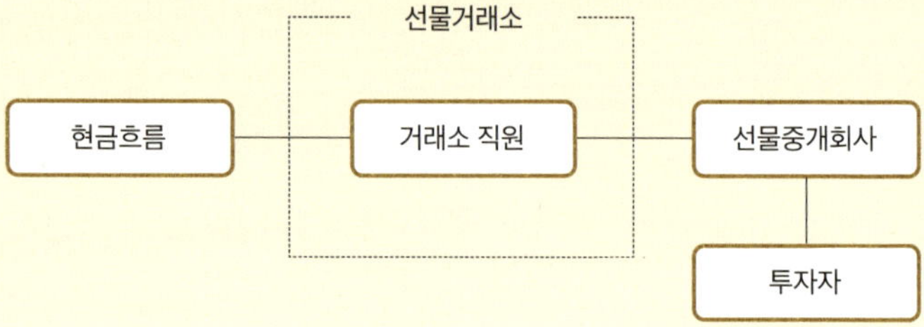

"우리는 여기서 '결제소'에 대해서 조금 더 자세히 알아보려고 해요. 먼저 이런 그림을 한번 볼까요?"

결제소(Clearing House)

선도거래: 결제소가 없는 경우

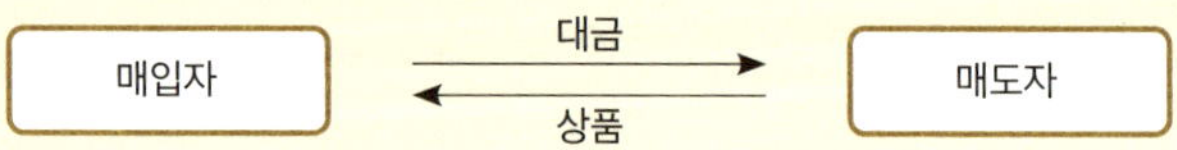

선물거래: 결제소가 있는 경우

"먼저 첫 번째, 결제소가 없는 선도거래의 경우를 한번 보세요. 이때는 매입자와 매도자가 직접 만나서 거래를 하게 되고 중간에 거래를 중개해 주는 기관이 존재하지 않게 되죠. 따라서 매입자와 매도자는 자신의 신용에 근거하여 거래조건을 형성하게 되고, 때로는 계약이 불이행되는 경우가 생기는 것입니다. 반면 두 번째의 그림을 보면, 거래 당사자간에 중개기관으로 결제소가 있어서 계약의 이행을 도와줍니다. 매수자에게는 매도를 해주고, 매도자에게는 매수를 해주게 되는 거죠. 결제소는 일일정산제도Mark to Market와 증거금계좌Margin Account를 이용하여 계약이 제대로 이행될 수 있게끔 하는 것이지요."

인한은 좀 더 상세하게 이야기를 듣고 싶어서 귀를 쫑긋 세웠다. 김빛나 강사도 '반드시 알아 둬야 할 것'이라고 강조하면서 더욱 열정적으로 강의를 해나가기 시작했다.

"자, 아까 우리가 '일일정산'에 대해 이야기했었죠? 선물거래는 선도거래와는 달리 선물시장에서 매일매일 거래가 일어납니다. 따라서 가격이 매일 변하게 되고, 이러한 가격변동은 거래의 당사자들의 수익·손실을 변화시키게 되지요. 일일정산을 한다는 의미는 이러한 매일매일의 수익·손실을 그때그때 실현시킨다는 것입니다. 예를 들어, 오늘 가격이 떨어져서 선물의 매입자인 내가 손실을 입게 되었다면, 나의 계좌에서 그 손실 부분을 차감하여 실현시킨다는 것이지요. 이러한 일일정산제도가 있으면 언제라도 나는 반대매매Covering를 통하여 손익을 실현하고, 손쉽게 나의 포지션을 청산할 수 있게 됩니다. 이처럼 투자 회수가 용이하다면 결국 투자자들이 자금 회수의 부담을 적게 느끼게 될 것이고, 따라서 시장 전체의 유동성이 높아지는 결과를 가져오지요. 자, 이것도 예를 들어서 한번 보면 쉽게 이해가 될 거예요. 이런 표를 한번 볼까요? 이것은 금 선물거래의 일일정산과정을 보여주는 표에요. 단, 선물거래의 계약 단위는 금 1,000g입니다."

금 선물가격(종가기준)

일	선물가격(원)
0	25,000
1	25,120
2	25,300
3	25,300
4	25,250
5	25,500

금 선물거래의 일일정산과정

일	1g당 손익(원)	선물 1계약 당 실현손익(원)
0	-	-
1	25,120-25,000=120	120,000
2	25,300-25,120=180	180,000
3	25,300-25,300=0	0
4	25,250-25,300=-50	-50,000
5	25,500-25,250=250	250,000
	합계	500,000

"자, 여기까지 듣고 혹시 질문 있나요?"

그때 창가 쪽에 앉아 있던 남자 한 명이 손을 들었다.

"선물거래는 한국증권선물거래소에서 거래된다고 들었습니다. 그러면 한국증권선물거래소에서 거래되는 선물에는 어떤 것이 있는지, 그 종류들을 좀 알 수 있을까요?"

"네 물론입니다. 참고 자료로 준비해 온 것을 보여드릴게요."

한국증권거래소에서 거래되는 선물

현재(2024년 11월) 한국증권선물거래소에서 거래되는 선물은 다음과 같다.

- 주가지수상품: 코스피200선물, 미니코스피200선물, 코스피200옵션, 미니코스피200옵션, 섹터지수선물, 코스닥150선물, 코스닥150옵션, KRX300선물, 유로스톡스50선물, 코스닥글로벌선물
- 변동성지수상품: 코스피200변동성지수선물
- 개별주식상품: 개별주식선물, 별주식옵션
- ETF상품: ETF선물
- 채권/금리상품: 3년국채선물, 5년국채선물, 10년국채선물, 30년국채선물, 상품간스프레드, 3개월무위험지표금리선물
- 통화상품: 미국달러선물, 미국달러옵션, 엔선물, 유로선물, 위안선물
- 일반상품 선물: 금선물, 돈육선물

옵션에 대한 이해

"자, 여러분. 선물거래에 대해서는 이 정도로 해서 설명을 마칠까 해요. 그리고 이번 시간부터는 '옵션'에 대해서 설명을 할 테니까 우리 잠깐 티타임을 가지도록 할까요?"

모두가 강의실 밖으로 나간 뒤, 김빛나 강사가 인한이 있는 쪽으로 다가왔다.

"오늘, 조금 실망하셨나요?"

그녀가 부드럽게 물었다.

"실망이라니요. 물론 처음엔 약간 배신감이 들긴 했죠. 하지만 사실 이런 주제는 꼭 필요하다고 느꼈습니다. 오늘 정말 유익한 시간이 되고 있어요."

"그렇게 생각해 주신다니 정말 감사해요. 사실 처음부터 이 강의를 염두에 두고 전화를 드렸던 거였거든요. 그런데 뜻밖에 데이트 신청을 받게 되어서 저도 살짝 고민했답니다. 앞으로 한 시간이면 강의가 끝나니까, 저녁 식사는 꼭 같이해요."

"제가 괜히 시간 뺏는 건 아니죠?"

"그런 말씀 마세요. 저도 오늘 모처럼 맛있는 저녁을 기대하고 있어요."

"그럼 오늘 제가 근사한 곳으로 모시겠습니다."

"고마워요. 이제 다시 강의를 시작해야겠네요. 아, 참! 오늘 정말 멋지신 거 아시죠?"

김빛나 강사는 인한에게 살짝 윙크를 보내고는 강의실 앞으로 돌아갔다. 인한은 순간 자신의 모습을 내려다보며 얼굴이 뜨겁게 달아오르는 걸 느꼈다. 이내 기분 좋은 미소를 지으며, 다시 강의에 집중했다.

"자, 이제부터 우리는 '옵션'이 무엇인지, 또 시장에서 옵션이 어떤 기능을 하는지에 대해서 차근차근 알아 가도록 할 거예요. 먼저 옵션의 개념에 대해서 한번 알아보도록 할까요? 옵션이란, 미리 정해진 가격으로 정해진 기간 동안, 특정 자산을 사거나 팔 수 있는 권리가 부여된 '증권'을 의미합니다. 이에 따른 용어들이 있는데 이렇게 정리를 할 수 있을 거예요."

옵션의 기초개념

1) 기초자산 또는 기초증권Underlying Security: 옵션의 근간이 되는 증권
2) 콜옵션Call Option: 미리 약속한 증권을 정해진 기간에 정해진 가격으로 살 수 있는 권리가 부여된 증권
   풋옵션Put Option: 팔 수 있는 권리가 부여된 증권, 옵션소유자가 권리를 행사할 경우 옵션발행자(또는 옵션매도자)는 의무를 이행
3) 미국식옵션American Option: 미리 정해진 기간 내에는 언제라도 권리를 행사할 수 있는 옵션
   유럽식옵션European Option: 미리 정해진 만기일 단 하루에만 권리를 행사할 수 있는 옵션
4) 행사가격Exercise Price or Strike Price: 옵션거래에서 미리 정해져 있는 기초증권의 매수 또는 매도가격
5) 옵션가격 또는 옵션프리미엄: 옵션의 계약비용

"자, 앞으로 이 개념들에 대해서는 다소 복잡할지도 모르는 설명이 이어질 것입니다. 그러니 정신 바짝 차리고 듣도록 하세요! 자, 이러한 옵션은 여러 기능을 갖고 있어요.

첫째로 '레버리지 기능'이라는 것입니다. 레버리지란 우리말로 지렛대를 뜻하는 것이지요. 재무관리에서 레버리지란 자신이 갖고 있는 원금에 비해 투자과실이 더 크게 나타날 수 있게 하는 것을 의미합니다. 예를 들어, 기업이 자신의 자본만을 이용하지 않고 부채를 사용하여 더 투자를 하게 되면, 자기자본 대비 투자의 손익이 더욱

큰 폭으로 나타나게 되지요. 우리는 이를 '부채의 레버리지효과'라고 합니다.

투자자들이 주식투자를 하려 할 때 만일 주식을 직접 매수하여 투자를 하면 1주당 가격의 상승·하락 주당투자손익이 될 것입니다. 예를 들어 10,000원짜리 주식을 사서 이 주식이 15,000원이 되면 5,000원의 투자수익이 생기는 것이지요. 이러한 주식을 기초자산으로 한 옵션을 매수한 경우를 살펴보면, 10,000원의 행사가격을 갖는 옵션의 가격이 10,000원보다는 훨씬 작게 나타나지만, 투자손익은 주식을 구입한 것과 동일하게 됩니다. 따라서 원금 대비 손익이 부풀려지는 것이지요.

예를 들어, 10,000원의 행사가격을 갖는 옵션의 가격이 500원이라면, 만일 이러한 주식의 가격이 15,000원이 되었을 때 옵션의 매수자는 5,000원의 수익을 단 500원을 갖고 올릴 수 있는 것입니다."

다소 어려운 면이 없지 않았지만, 강의를 듣는 사람들은 모두 귀를 쫑긋 세우고 김빛나 강사의 말에 귀를 기울였다.

"자, 그리고 둘째로, '옵션의 보험기능'을 들 수 있어요. 이를 쉽게 이해하기 위해서는 풋옵션을 생각하시면 됩니다. 풋옵션은 가격이 떨어졌을 때 투자수익을 올릴 수 있는 금융상품이잖아요. 예를 들어 주당 10,000원의 주식을 보유하고 있는 사람이 행사가격이 10,000원인 풋옵션도 같이 보유하고 있다고 해볼까요? 주식 가격이 10,000원에서 5,000원으로 떨어졌을 때, 주식 가격에서는 5,000원의 손해를 보겠지만 풋옵션을 이용하여 5,000원짜리 주식을 풋옵션 발행자에게 10,000원에 팔 수 있기 때문에 5,000원의 이익을 풋옵션에서 올릴 수 있겠지요. 즉, 이 투자자는 주식가격하락의 위험을 옵션의 보험기능을 이용하여 헤지Hedge한 셈이 되는 겁니다.”

사람들이 고개를 끄덕였다.

“그리고 마지막으로 옵션의 기능 중에는 ‘금융공학적 기능’이라는 것이 있습니다. 옵션은 기초자산을 토대로 만들어진 파생금융상품이라고 했었죠? 하지만 이러한 파생금융상품의 개발은 여기서 그치지 않고 기존의 옵션과 여타 파생금융상품, 증권 등의 다양한 결합을 통해 무궁무진하게 진행될 수 있습니다. 오늘날 시장에서 볼 수 있는 ELW(Equity Linked Warrant)를 보면 그 종류가 얼마나 다양한지를 아실 수 있을 겁니다. 이러한 새로운 금융상품의 개발에 옵션이 이용되고 있지요. 이렇게 새로운 금융상품을 연구·개발하는 분야가 바로 ‘금융공학Financial Engineering’입니다. 자, 그러면 방금 제가 설명한 옵션의 기능 세 가지를 한번 정리해 볼까요?”

옵션의 기능

- 레버리지Leverage 기능
- 보험Insurance 또는 헤지Hedge 기능
- 금융공학적 기능

“여기까지 이해가 되셨다면 이젠 ‘콜옵션’에 대해서 좀 더 구체적으로 알아보도록 할까요? 앞에서도 한번 언급했지만, ‘콜옵션’이란 옵션 소유자가 미래의 어느 시점까지 정해진 행사가격으로 기초자산을 살 수 있는 권리를 의미합니다. 여기서 주의를 기울여야 할 부분이 '권리'라는 것이지요. 즉 소유자에게 이익이 되면 옵션을 행사하지만, 소유자에게 불리할 경우는 소유자는 행사할 필요가 없다는 것이지요. 이 점이 선도 또는 선물거래와 다른 점입니다.

예를 들어 행사가격 1,000원인 콜옵션을 보유하고 있는 경우, 기초자산의 시장가격이 1,000원 이상일 때에만 행사하게 되고 옵션의 가치가 '기초자산의 시장가격 1000원'이 되는 것입니다. 하지만 만약 기초자산의 가격이 1,000원 미만, 예를 들어 800원일 때 옵션을 행사한다면 200원의 손해를 보기 때문에 옵션의 보유자는 옵션을 행사하지 않고 그냥 폐기하는 것이지요. 자, 다소 복잡하게 여겨질 수도 있지만, 이 관계를 식으로 한번 풀어 볼까요? 여기를 한번 보세요."

$$C_T = Max[(S_T-K), 0]$$

"자, 복잡한 식이 하나 등장하죠? 여기서 S_T는 만기일의 기초자산 가격, 예를 들면 주식의 시장가치, K는 행사가격을 의미하며, Max란 (S_T-K)와 0 중에 큰 것이 값이라는 것입니다. 즉 (S_T-K)가 100이면 콜옵션의 만기가치, CT는 100이 되는 것이고, (S_T-K)가 -50이면 콜옵션의 가격이 0이 된다는 것이지요. 좀 더 쉬운 이해를 위해서 이를 그림으로 한번 나타내 보도록 하겠습니다."

콜옵션의 가치

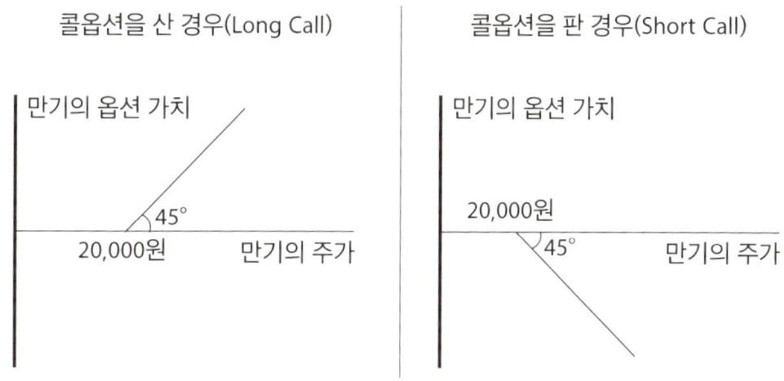

"자, 첫 번째 그림이 바로 행사가격 20,000원의 콜옵션을 산 경우 콜옵션의 가치를 그림으로 나타낸 것입니다. 콜옵션을 사기 위해서는 시장 내에 이를 발행한 사람이 반드시 있어야 하겠죠. 두 번째 그림은 같은 콜옵션을 발행한 사람에게 돌아갈 만기의 옵션가치입니다.

만기의 주식가격이 20,000원 이하라면, 콜옵션의 소유자는 옵션을 행사하지 않을 것이고 수익은 0이 되며, 따라서 상대방인 발행자의 수익도 0이 되겠지요. 반면 주식가격이 20,000원 이상이라면 콜옵션의 소유자는 '주식가격-행사가격'의 수익을 올리게 되지만, 발행자는 그만큼의 손실을 보게 되는 것이지요."

인한은 그래프를 찬찬히 따라가며 설명을 들으니, 콜옵션에 대해 이제 조금은 이해를 할 것 같았다.

"자, 바로 이어서 풋옵션의 가치에 대해서도 한번 알아볼까요? 콜옵션이 기초자산을 정해진 가격에 미래의 어느 시점까지 살 수 있는 권리를 의미한다면, 풋옵션은 이와 반대로 팔 수 있는 권리를 의미합니다. 역시 의무가 아니라 권리이므로 소유자에게 불리한 상황에서는 소유자는 옵션을 행사하지 않을 수도 있는 것이지요. 따라서 풋옵션의 경우, 행사가격이 1,000원일 때 기초자산의 가격이 1,000원 이상이 된다면 옵션을 행사할 필요가 없게 되지요. 시장에서 1,000원 이상에 팔 수 있는 주식을, 풋옵션을 행사하여 1,000원에 팔 이유는 없으니까요.

그렇다면 풋옵션의 소유자는 언제 돈을 벌게 될까요? 벌써 짐작하신 분도 계시겠지만, 결국 풋옵션은 기초자산의 가격이 떨어졌을 때 소유자는 돈을 벌게 됩니다. 이러한 관계를 식으로 한번 나타내 볼까요?"

$$P_T = \mathrm{Max}\,[(K-S_T),\, 0]$$

"위의 식에서 P_T는 만기의 풋옵션 가치를 의미합니다. 예를 들면, 행사가격이 1,000원인 풋옵션의 경우, 만기의 주가가 500원이면 그 가치는 1000-500, 즉 500원이 되겠지요. 하지만 주식의 가격이 1,500원이 되었다면, '행사가격 주가'가 음의 값을 갖게 되므로 풋옵션의 가치는 0이 되어 풋옵션이 행사되지 않는 것입니다. 자, 아까와 마찬가지로 이것을 그래프로 한번 보도록 해요."

풋옵션의 가치

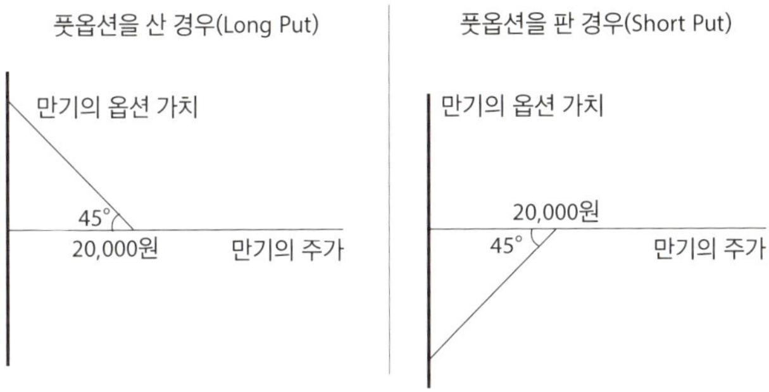

"어느 한 주식의 풋옵션을 산 경우의 그래프는 왼쪽 그림과 같이 되겠죠? 콜옵션에서 봤던 것처럼, 풋옵션에서도 옵션 매도자는 옵션 소유자와 반대의 수익형태를 보이며, 이는 오른쪽 그림을 보면 잘 알 수 있습니다. 자, 아까 누군가 '한국증권거래소에서 거래되는 선물의 종류'에 대해서 질문하셨죠?

이번에는 한국증권선물거래소 거래되는 옵션의 종류와 KOSPI 200옵션에 대해서 간략하게 참고 자료를 보여드리고, '옵션'에 대한 강의를 마치도록 할게요. 그리고 마지막으로 '위험관리'에 대한 강의가 이어질 테니 잠시 휴식 시간을 갖도록 하자고요."

한국거래소에서 거래되는 옵션의 종류

- 주가지수상품: 코스피200 옵션, 미니코스피200 옵션, 코스닥150 옵션
- 개별주식옵션: 기초자산은 주식시장에 상장된 보통주식 중에서 선정한다. 기초주권은 코스피200 또는 코스닥글로벌의 구성종목이거나, 거래 수요 등을 고려하여 그에 준하는 것으로 거래소가 인정하는 주권이다. 그중 유동성, 안정성, 시가총액, 재무상태 등을 감안하여 선정한 58개 기업이 발행한 주식을 대상으로 하는 상품이 개별주식 옵션이다.
- 미국달러옵션

KOSPI 200옵션

유가증권시장본부에 상장된 주권 200종목의 시가총액 기준으로 산출된 코스피 200지수를 기초자산으로 하는 상품이다. 코스피 200옵션은 주가지수를 거래대상으로 하고 있어 최종결제방법으로 현금결제를 채택한다.

- 거래단위: 코스피 200 옵션가격 × 25만(거래승수)
- 결제일: 최종거래일의 다음 거래일
- 상장결제종목
  - 결제월거래: 비분기월 4개 및 분기월 7개(3, 9월 각1개, 6월 2개, 12월 3개)
  - 결제주거래: 매주 월, 목요일에 각각 다음주 월, 목요일 만기옵션 상장(결제 월거래와 만기가 동일한 경우, 결제 주거래 미상장)

위험관리에 대한 이해

'아, 이제 마지막 강의구나.'

인한은 가슴이 떨려 왔다. 오늘 김빛나 강사와 함께 가려고 예약해 둔 레스토랑에 실망이나 하지 않을까 내심 그런 걱정도 됐다.

'이게 얼마 만의 데이트인가….'

인한은 대학 졸업 이후 사실 여자친구라고는 생각도 못하고 있었다. 이젠 사업도 시작하고, 어떻게 보면 오히려 바빠서 연애라고는 생각도 못 할 시기인데, 삼촌의 소개로 이렇게 멋진 사람과 데이트를 할 수 있게 되었다고 생각하니 바쁜 와중에도 큰 활력이 되는 것 같았다. 어쨌든 이제 마지막 남은 '위험관리'에 대해서 열심히 강의를 들은 후 자사의 무인택시로 김빛나 강사를 모실 생각이었다. 커피를 한잔 마신 후, 위험관리에 대한 설명이 이어졌다.

"자, 이번 시간에는 '위험관리'에 대해서 이야기하려고 해요. 다들 알고 계시겠지만, 위험관리는 기업재무의 영역에서 최근 상대적으로 중시되고 있는 부분입니다. 기업의 손익이 환경의 변화에 따라 불확실하게 변하게 되는데 이러한 손익의 변화를 어떻게 완만하게 조정할 것인가가 위험관리의 핵심이지요.

좀 더 구체적으로 이야기한다면, '위험'이란 기업의 미래현금흐름이 고정되어 있지 않고 변동적으로 나타날 수 있다는 것이에요. 이러한 변동적인 현금흐름을 미리 예측하여 대비하거나, 가능하면 아예 없애 버리는 것이 위험관리죠. 우리가 지난 시간을 통해 배운 선도·선물 거래나 옵션이 기업재무영역에서 중시되는 이유는, 이들이 위험관리 수단으로 이용될 수 있기 때문이에요. 이들을 통해 위험을 '헤지Hedge'할 수 있으니까요. 헤지란 자산의 가격변동을 줄이거나 없애는 투자전략을 의미하죠. 예를 한번 들어 볼까요?

금을 캐내는 광산 회사가 있고 이 금을 원료로 하여 반지를 생산하는 장신구 제조회사가 있다고 하죠. 금의 시장가격은 그때그때의 생산량과 수요량에 따라 변동할 것입니다. 따라서 광산 회사의 입장에서는 금의 시장가격에 따라 회사의 수익이 변하게 될 것입니다. 회사의 총비용의 상당 부분은 고정적으로 지출되는 면이 있는데 회사의 수익이 마구 변동한다면 회사로서는 경영에 어려움을 느끼겠지요. 따라서 광산 회사는 이러한 수익의 변동을 가능한 한 통제하려 할 것입니다.

반면, 장신구 제조회사의 경우는 어떨까요? 장신구 제조회사의 경우 금의 가격은 결국 비용이므로 회사의 비용이 마구 변한다면 역시 경영에 어려움을 느낄 것입니다. 따라서 광산 회사나 장신구 제조회사 모두 금 가격의 안정을 추구하게 될 것입니다.

광산 회사와 장신구 제조회사는 불확실한 미래현금흐름을 서로 간의 계약을 통해 해결할 수 있게 됩니다. 두 당사자가 금의 생산 이전에 가격에 대해 계약을 하는 것입니다. 즉 금에 대한 선도거래를 하는 것이지요. 1년 뒤 금 1그램을 5만 원에 거래하기로 계약한다면, 광산 회사나 장신구 제조회사 모두 금의 가격변동에는 더 이상 신경을 쓰지 않고 자신의 회사 경영에 매진할 수 있게 되는 것입니다."

그때 파란 넥타이를 한 남자가 손을 들고 질문을 해왔다.

"그런데 실제로 광산 회사하고 장신구 제조회사들이 서로 만나서 거래를 하게 되나요? 직접 계약을 맺는 것이 무척 어렵고 복잡할 것 같은데요."

"네, 그렇죠. 그래서 이런 거래가 원활히 이루어지도록 하기 위해 시장이 생겨난 겁니다. 예를 들면, 우리나라의 '한국증권선물거래소Korea Exchange'나 미국의 '뉴욕 상품거래소New York Mercantile Exchange', '시카고 상품거래소Chicago Mercantile Exchange'등이 생겨난 것이지요. 자 그렇다면, 현실에서 우리가 배운 것을 어떻게 적용해 볼 수 있는지 한번 알아볼까요? 저기, 오늘 아주 멋지게 하고 오셨는데요. 혹시 기업을 운영하고 계신가요?"

인한은 뜻밖의 지목에 깜짝 놀라서 큰 소리로 대답했다.

"네, 그렇습니다."

"혹시 회사명이 무엇인지 여쭤 봐도 될까요?"

"네, Ping Car입니다."

인한의 말에 사람들이 일제히 인한을 쳐다보았다. 아무래도 이미 Ping Car에 대해 많이 알려졌기 때문인 것 같았다.

"그렇다면 Ping Car에서 중요하게 관련된 거래물이 있다면… 뭐가 있을까요?"

"저희는 Oil 정도가 될 것 같은데요."

"네, 좋습니다. 그러면 Ping Car의 Oil을 예로 한번 들어서 설명해 볼까요? 자, 7월 1일 현재, Ping Car가 11월에 5,000리터의 Oil을 필요로 한다고 해요. 현재 Oil 가격에 대한 자료는 다음과 같고요."

- 현물시장: 10,000원/리터
- 선물시장(만기: 11월): 10,500원/리터

"자, Ping Car가 11월에 Oil 가격이 상승해 손실이 발생하는 것을 원하지 않는 경우, 11월에 만기가 되는 선물거래를 매입함으로써 구입 가격을 10,500원/리터로 고정시킬 수 있는 거죠. 이러한 매입헤지의 결과를 표로 정리하면 다음과 같습니다. S_T는 만기에서의 현물 가격입니다."

선물을 이용한 헤지-매입헤지

거래내용	리터당 현금흐름	
	7월	11월
현물시장: 7월에 현물가격으로 구입 선물시장: 선물거래매입 후 만기청산 (F_0 = 10,500원)	0 0	$-S_T$ (S_T - 10,500원)
헤지거래	0	-10,500원

"이 표에서 보는 것처럼 Ping Car는 11월의 Oil 가격변화와 관계없이 리터당 10,500원에 Oil을 구입할 수 있어요. 11월에 오일의 가격이 리터당 20,000원이 된다고 해도 선물을 매입하면 10,500원에 구입하는 효과를 가지는 거죠. 이해가 되셨나요?"

김빛나 강사의 질문과 모두들 고개를 끄덕였다.

"자, 오늘 강의의 마지막으로 선물을 이용한 매도헤지에 대해서 한번 알아볼까요? 매도헤지란 다음과 같이 정의할 수 있어요."

매도헤지란?
현재 현물시장에서 자산을 보유하고 있는 투자자가 선물시장에서 선물계약을 매도함으로써 가격하락의 위험을 제거하려는 것

"여기서 가격하락의 위험이란 현물 가격이 하락하면 손해를 보게 되는 것을 말합니다. 자산의 가격이 하락하면 현물포지션에서는 손해를 입지만, 선물의 매도포지션에서는 이익을 보게 되죠. 따라서 미래의 자산가치가 하락함에 따른 손실을 보전할 수 있습니다.

자, 이번에도 이전에 이야기했던 것과 똑같은 예를 들 수 있어요. 이번에는 Ping 주유소가 Oil을 매도하려는 것으로 계속 예를 들어 볼까요? Ping 주유소는 현재 Oil을 보유하고 있는데, 이를 11월에 매도하려고 한다고 해요. 가격은 이전과 똑같고요. 자, 이때 Ping 주유소가 11월에 Oil 가격이 하락해서 손실이 생기는 걸 원하지 않을 경우, 11월에 만기가 되는 선물거래를 매도함으로써 판매가격을 10,500/리터로 고정시킬 수 있어요. 이러한 매도헤지의 결과를 표로 정리하면 이렇게 될 겁니다. S_T는 역시 만기에서의 현물가격을 의미합니다."

선물을 이용한 헤지-매도헤지

거래내용	리터당 현금흐름	
	7월	11월
현물시장: 7월에 현물가격으로 매도 선물시장: 선물거래매도 후 만기청산 (F_0 = 10,500원)	0 0	$-S_T$ (10,500원$-S_T$)
헤지거래	0	10,500원

"표에서 보는 것처럼 Ping 주유소는 11월의 Oil의 가격변화와 관계없이 리터당 10,500원에 Oil을 매도할 수 있습니다. 11월에 Oil의 가격이 리터당 5,000원이 된다고 해도 선물을 매도하면 10,500원에 판매하는 효과를 가지게 되죠. 자, 이해가 되셨나요? 질문 있으신가요?"

손을 드는 사람이 없자, 김빛나 강사는 강의를 마무리했다.

"자, 모두들 긴 강의에 수고 많으셨어요. 하지만 선물과 옵션, 그리고 헤지는 아주 중요한 개념입니다. 앞으로 여러분이 기업을 성공적으로 이끌어 가야 할 목적으로 갖고 있을 경우에는 더욱 그렇지요. 오늘 강의가 다소 복잡하고 이해하기에 까다로운 부분이 있었다고 해도, 집에 가서 한번 더 복습하시면서 그 개념을 정확하게 익혀 두셨으면 합니다. 혹 공부를 하시는 중 궁금한 것이 있으면 여기로 메일 주시면 되겠습니다. 자, 오늘 수업은 여기까지 마치겠습니다. 감사합니다."

인한은 김빛나 강사에게 "1층에서 기다리겠습니다."라는 문자를 보낸 후, 부랴부랴 주차장으로 뛰어 내려갔다. 두근두근 멋진 데이트를 기대하면서.

Chapter Summary

선물이란?

선물이란 특정 상품을 미래의 특정 시점에, 현시점에서 미리 정한 가격으로 거래하기로 한 계약이다.

- 기초자산Underlying Asset: 선물거래의 대상이 되는 상품
- 현물가격Spot Price(S): 현재 시장에서 형성되고 있는 기초자산의 가격
- 선물가격Futures Price(F): 미리 정한 가격
- 만기일Maturity or Delivery Date(T): 거래하기로 약속한 미래의 특정 시점

선물시장의 조직구조와 결제소

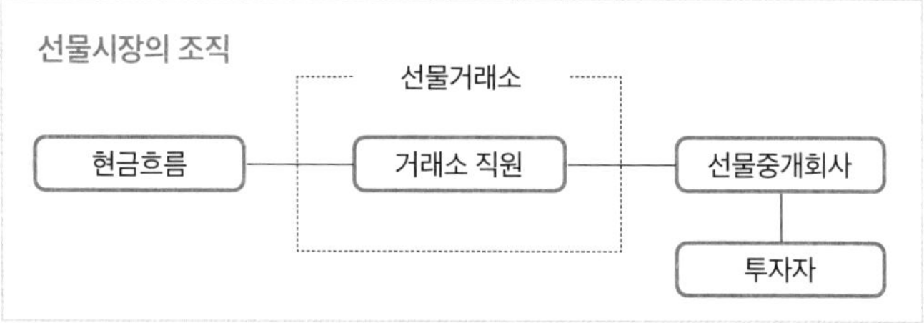

결제소(Clearing House)

선도거래: 결제소가 없는 경우

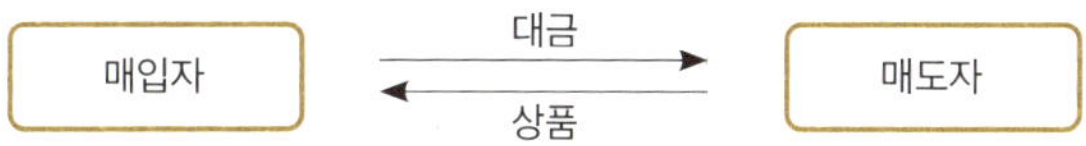

선물거래 : 결제소가 있는 경우

옵션이란?

1) 기초자산 또는 기초증권Underlying Asset or Underlying Security: 옵션의 근간이 되는 증권
2) 콜옵션Call Option: 미리 약속한 증권을 정해진 기간에 정해진 가격으로 살 수 있는 권리가 부여된 증권
3) 풋옵션Put Option: 팔 수 있는 권리가 부여된 증권 옵션소유자가 권리를 행사할 경우 옵션발행자(또는 옵션매도자)는 의무를 이행
4) 미국식옵션American Option: 미리 정해진 기간 내에는 언제라도 권리를 행사할 수 있는 옵션
5) 유럽식옵션European Option: 미리 정해진 만기일 단 하루에만 권리를 행사할 수 있는 옵션
6) 행사가격Exercise Price or Strike Price: 옵션거래에서 미리 정해져 있는 기초증권의 매수 또는 매도가격
7) 옵션가격 또는 옵션프리미엄: 옵션의 계약비용

옵션의 기능

1) 레버리지Leverage 기능
2) 보험Insurance 또는 헤지Hedge 기능
3) 금융공학적 기능

매도헤지란?

현재 현물시장에서 자산을 보유하고 있는 투자자가 선물시장에서 선물계약을 매도함으로써 가격하락의 위험을 제거하려는 것

매입헤지란?

미래에 현물시장에서 자산을 매입하여야 할 투자자가 선물시장에서 선물계약을 매입함으로써 가격상승의 위험을 제거하려는 것

8강

기업에 위기가 닥치다!

부실기업의 청산은 어떻게 하는 것일까?

병구회사의 슬픈 소식

오늘따라 하늘이 희뿌연 것이 날씨가 영 좋지 않다. 비가 한줄기 할 것 같더니 그러지도 않은 채 계속 어두운 구름만 하늘에 가득하다. 오늘따라 컨디션이 좋지 않은 인한은 버핏과 함께 점심으로 따끈한 칼국수를 먹고 들어오는 길이다. 그때 걸려 온 한 통의 전화.

"인한아, 나야 병구!"

다급해 보이는 병구의 말에 인한은 무언가 좋지 않은 기분이 들었다.

"왜 그래, 무슨 일 있어? 목소리가 안 좋아 보여."

"응. 실은… 나 지금 별로 상황이 안 좋아. 엊그제까지 괜찮을까 했는데 일이 터진 것 같아."

"일이 터졌다고? 그게 무슨 말이야. 좀 천천히 설명을 해봐!"

"미안하다. 지금 일일이 설명할 시간은 없고… 일단 당분간 나와 연락이 안 될 테니 그리 알고 있어. 내가 다시 연락할게. 네 도움이 필요할지도 몰라. 길게 통화는 못 하겠고, 다시 연락하마. 어쨌든 미안하다!"

짤깍. 병구의 다급한 목소리와 함께 전화가 끊어졌다. 인한은 멍한 표정으로 버핏을 쳐다보았다.

"대충 어떤 상황인지 알 것 같습니다. 아무래도 부도 상황인 것 같은데… 그렇죠?"

"갑자기 그렇게 됐을 리가 없는데… 뭔가 대책을 세우지 못했을 만큼 급격하게 진행되었나 봐. 이거 내가 어떻게 손을 쓸 수도 없고, 어쩌면 좋지?"

"연락이 오겠지요. 기업부실화를 한번에 막을 방법은 없습니다. 서서히 하나씩 단계를 거쳐서 진행되니까요. 물론 아주 급격하게 진행되는 경우도 있겠지만, 대부분 일정한 과정을 거치죠."

"우리라고 넋 놓고 있을 수 없을 것 같아. 병구 회사도 얼마나 탄탄했나. 늘 나에게 조언을 해주곤 했었는데…. 그러고 보니 난 회사가 어떤 식으로 위기에 처해 가는지에 대해서는 생각해 본 적도 없는 것 같아요."

"누가 그런 생각을 하나요? 항상 잘될 거라고만 생각하지요. 어쩌면 그런 생각을 늘 갖고 있지만, 뚜렷한 대책을 세우지 못하는 것일 수도 있고요. 김 회장님의 일은 정말 안 됐습니다. 앞으로 어떻게든 도움을 드릴 수 있는 방향을 한번 찾아봐야 할 것 같습니다. 우선 우리도 들어가서 '기업의 청산'에 대해 한번 정리해 두는 게 좋을 것 같습니다."

"그래요."

사뭇 진지한 얼굴로 사무실로 돌아온 두 사람은 마주 보고 앉아서 이야기를 시작했다. 버핏은 자신의 자리에서 챙겨온 몇 가지 자료를 꺼내 펼쳐 들며 설명을 시작한다.

기업부실화에도 단계가 있다

"우리가 기업을 분석할 때 계속기업Going Concern을 말하면서 '우리 기업만은 영원히 존재할 것'이라고 가정하지만, 실제로 현실에서는 많은 기업이 파산을 하게 됩니다. 기업의 파산은 그 기업을 둘러싼 여러 이해관계자들에게 큰 손실을 입힙니다. 경제적인 손실도 있지만, 자긍심과 같은 심리적인 부분에도 손실을 가져오게 되겠죠. 하지만 이처럼 가장 어려운 시기에 '어떤 의사결정을 하는가'는 매우 중요합니다. 기업이 다시 회생을 하느냐 아니면 청산을 하고 다시 재기를 하느냐, 아니면 아예 재기를 할 수 없는가를 결정하게 될 테니까요. 김병구 회장님도 이런 시점에서 의사결정을 매우 잘하셔야 할 것입니다.

기업이 파산에 이르기까지는 실제로 시간이 걸립니다. 기업의 현금흐름을 단기간에 망칠 수 있는 사고가 아닌 이상, 기업이 부실해져서 파산에 이를 때는 우선 기업의 수익성에서 문제가 생기게 됩니다. 그중에서도 좀처럼 포착되지 않는 문제가 바로 '기업의 자본비용'

과 '수익률의 역전현상'입니다."

"음… 좀 생소한데요?"

"네, 아무래도 그럴 것입니다. 우선 기업의 자본비용, 특히 자기자본비용은 그 결정 과정에서 자의적 요소가 많기 때문에 그 계산이 매우 어렵습니다. 타인자본비용의 경우 이자보상비율 등을 통해 얼마나 수익성 및 유동성에 영향을 주는지를 판가름할 수 있지만, 자기자본비용의 경우는 기업에서 당장 지급되는 비용이 아니라 기회비용의 성격을 갖는 것이므로 이자보상비율과 같은 분석을 하기가 어렵습니다. 또한 자기자본비용은 매번 지급되어야 하는 타인자본의 이자처럼 지급되지 않기 때문에 얼마나 부담이 되고 있는지를 포착하기가 어렵지요."

"음… 그렇다면 직접 지불이 안 되는 비용이 어떻게 기업의 수익성에 영향을 미치게 되는 거죠?"

"네. 분석을 간단하게 하기 위해 자기자본만으로 구성된 회사를 한번 가정해 보겠습니다. 자기자본비용이 20%인 회사의 수익률이 10%라면 어떤 문제가 발생할까요? 100억 원짜리 회사가 최소한 자본비용을 충당하기 위해서는 적어도 20억 원의 이익을 올려야 하는데, 지금은 10억 원을 벌고 있다는 겁니다. 하지만 자기자본비용이란 당장 지급되는 비용이 아니므로 10억 원이나 남으니 문제가 없다고 생각할 수 있습니다. 하지만 20억 원 이상을 벌어야 하는 '자본'이 10억 원만 벌고 있다면, 결국 주주들은 성장을 못하고 있는 이 회사를 떠나게 될 것이고, 10억 원의 수익으로는 향후 현금흐름을 증가시킬 투자를 감당할 수 없을 것입니다. 또한 이 정도의 수익을 올리는 회사에 자본을 투자할 새로운 주주도 없을 것이며, 금융기관 역시 이러한 회사에 자금을 공급하기를 꺼려하겠죠. 기업은 경쟁력을 점점 잃게 되고 결국 부실화가 되는 것입니다. 흔히 이야기하는 '앞으로 남고 뒤로 밑지는 꼴'이 되는 것이지요. 다시 한번 말씀드리지만 자본비용보다 수익률이 낮아지는 사태는 포착하기 어려우므로 항상 유의해야 합니다."

"그렇군요."

"결국 이와 같이 수익성이 저하되면 내부유보를 할 자금도 없어지고, 주요 자산을 제외한 자산을 매각하여 필요 자금을 충당하게 되는데, 이렇게 하는 데도 당연히 한계가 있을 것입니다. 그래서 어느 한 순간이 되면, 지급능력이 극도로 나빠져서 외부의 자금 지원의 유무에 따라 회사의 운명이 결정되고, 만일 자금 지원이 없다면 마침내 법률적인 파산에 이르게 되는 것입니다."

"그렇게 되면, 여러 가지 비용이 발생하겠는데요?"

"물론입니다. 기업이 파산을 하게 되면 직접적인 파산비용, 간접적인 파산비용, 그리고 대리비용적인 성격의 파산비용이 발생합니다. 직접적인 파산비용은 각종 행정적인 비용이나 행정적 절차에 사용되는 시간 및 자원을 의미합니다. 미국의 연구를 살펴보면 직접적인 파산비용이 기업의 시장가치의 3%에 달한다고 합니다. 기업이 파산할 확률을 5%정도로 잡는다면 기대직접파산비용은 0.15%에 불과하게 되죠. 반면, 기업이 부실화되면서 경영상의 혼란이 오게 되고 자본조달이 어려워지며 능력 있는 직원이 이직을 하는 것과 같은 간접파산비용은 무려 시장가치의 20%에 달한다고 합니다. 마지막으로 대리비용적 성격을 갖는 파산비용은 채권자와 주주 사이의 이해의 불일치에 따라 생기는 현상을 말합니다. 예를 들면, 파산위기에 처한 기업의 주주 또는 경영자가 무모하게 '모 아니면 도' 식의 투자결정을 하는 것입니다.

위와 같은 파산비용은 경영자, 주주, 채권자, 종업원, 심지어는 경쟁기업과 국가경제 전반에 걸쳐 발생하게 됩니다. 그야말로 기업의 파산이 경제 전방위에 영향을 미치는 것입니다. 지금껏 우리나라에서 수많은 크고 작은 기업들이 파산을 해왔습니다. 이유야 여러 가지가 있겠지만, 그것이 어떤 것이든 미리 잘 대처하는 게 가장 좋은 방법이겠죠. 그런 의미에서 Ping Car도 항상 혹시나 파산의 위험은 없는지 잘 살펴봐야 할 것입니다. 물론 저뿐만 아니라 사장님께서도 항상 고민하고 계시겠지만요."

부실기업정리제도에 관하여

"물론 그래야겠지요. 그런데 나 궁금한 게 하나 있어요. 기업이 부실화되어서 파산에 이르면 어떻게 수습을 하는 거지요? 사실 병구가 우리 회사 시작할 때 많이 도와주었는데, 병구 회사가 지금 파산을 하는 마당에 내가 이 분야에 대해 공부라도 해서 급한 불이라도 끄고 싶거든요. 부실기업을 정리할 때 어떤 절차나 원칙이 있을 것 같은데요."

"물론 있습니다. 기업이 부실화되면 최대한 파산비용을 줄이는 쪽으로 수습을 하는 것이 바람직합니다. 수습은 사적정리와 법적정리, 두 가지로 나눌 수 있지요.

사적정리는 경영자, 주주, 채권자가 사적인 협의를 통해 회생을 도모하는 것으로 사장님도 많이 들어 보셨을 '워크아웃Workout'이 바로 그 절차입니다. 채무구조조정 등을 통해 기업이 다시 살아날 수 있도록 채권자들이 협조를 하는 것이지요. 예를 들어 대출금의 출자전환, 대출기간의 연장, 이자감면, 신규자금지원 등이 있지요. 이렇게 되면 주주나 경영자는 기업을 다시 회생시킬 수 있는 물적 시간적 여유를 갖게 되는 것입니다.

반면, 법적정리는 크게 '회생절차'와 '파산', 그리고 '청산'의 세 가지로 나눌 수 있습니다. 법적회생절차는 사적정리의 워크아웃과 비슷하지만 그 주체가 법원이 되어 법원이 조성과정을 진행하는 것을 의미하며, 파산과 청산은 결국 회사재산을 처분하고 분배하여 기업을 해체하는 것을 말합니다. 단 파산은 채무의 지급이 불가능해져서 어쩔 수 없이 재산을 처분·분배를 하는 것을 의미하고, 청산은 주주 스스로 재산의 처분·배분을 결정하는 것을 의미합니다. 실질적인 내용은 같지만, 그 동기가 다른 것이죠. 일단 파산 선고를 받게 되면, 정해진 순서에 따라 기업의 재산이 분배됩니다. 재산분배의 순서는 다음과 같습니다."

1. 파산기업 재산 처분을 위한 관리비용
2. 파산신청 이후에 발생한 무보증 채무
3. 임금
4. 퇴직금 및 연금
5. 소비자에 대한 보상
6. 세금
7. 채권자에 대한 채무
8. 우선주주 지분
9. 보통주주 지분

"이 순서에서도 볼 수 있듯 보통주주는 마지막에 남은 자산을 갖게 되므로, 이를 잔여청구권자Residual Claimant라 합니다."

"그렇다면, 기업이 부실화되었을 때 모든 기업이 기업회생절차를 밟게 되는 건가요? 그렇게만 된다면 병구의 회사도 희망이 있어 보이는데요."

"사장님, 안타깝지만 그렇지 못합니다. 물론 기업회생절차가 비용 측면에서도 저렴하지만, 법적인 정리를 하는 것이 나을 경우가 있습니다. 예를 들어 기업에 있어서 자금조달이 매우 어려운 경우, 법적인 정리를 하게 되면 새로운 부채의 발행이 가능하지만, 사적정리인 기업회생절차를 밟게 되면 새로운 부채의 발행이 힘들죠. 따라서 이런 기업 같은 경우에는 법적정리를 하게 됩니다. 이 외에도 주주나 자본구조에 따라 법적인 정리를 택하게 되는 경우가 있고요. 따라서 김 회장님 회사의 경우도 이를 따져 봐야 할 것입니다."

"병구도 이런 내용들을 몰랐던 건 아닐 거야. 원인이 뭔지도 정말 궁금하군. 같이 헤쳐 나가면 정말 좋을 텐데 내가 뭐라고 말을 해줘야 할지도 모르겠고. 아무튼 전화가 오기만을 기다릴 수밖에. 그리고 박 이사도 각별히 신경 좀 써줘요. 바로 곁에서 이런 일을 겪는 것을 보니, 남의 일이 아닌 것 같아. 오늘 날씨도 좋지 않고, 영 기분이 좋지 않아요. 난 중국지사가 어떻게 되어 가고 있는지 보고를 좀 받았으면 하는데…."

"네, 제가 알아보겠습니다."

그때 다시 병구로부터 전화가 걸려왔다.

"인한아, 나야 병구."

"그래! 어디니?"

"나 지금 너희 회사 앞이야. 잠깐 좀 나올 수 있어? 이런저런 이야기도 해야 할 것 같고."

"그래, 내가 나갈게. 요 앞 J 커피숍에서 조금만 기다려."

"그래, 그러자."

전화를 끊고 인한은 급하게 달려나갔다. 시작부터 Ping Car가 성장할 수 있도록 힘을 준 친구였기에, 더없이 신경이 쓰였다. 부디 이 위기를 잘 극복하고, 새로운 시작을 할 수 있기를 바라면서 인한은 친구가 있는 곳으로 달려 나갔다.

Chapter Summary

기업부실화 단계

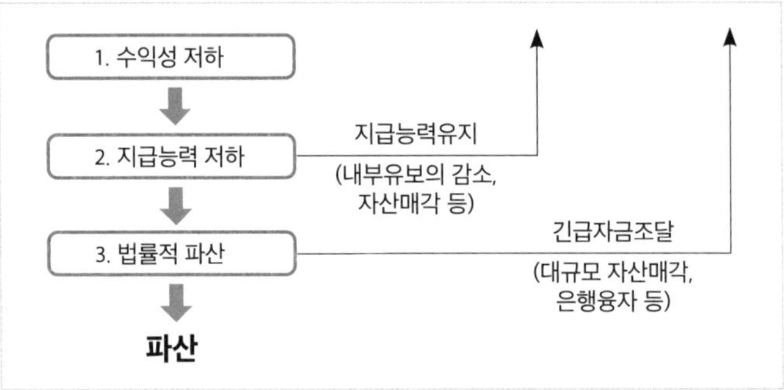

정상적인 기업이 파산에 이르기까지는 이러한 연속적인 과정을 거친다.

1) 수익성 저하: 자본비용이 투자수익률을 상화하면서 수익성이 저하된다.
2) 지급능력저하: 수익성 저하가 지속되어 외부의 금융 지원 없이는 존속이 불가능해진다.
3) 법률적 파산: 외부의 금융자원이 없어지면 법적인 절차인 파산에 이르게 된다.

부실기업정리 제도

1) **사적정리**: 워크아웃
2) **법적정리**: 회생절차, 파산, 청산

에필로그

강인한의 하룻밤의 꿈?

병구의 전화를 받고 급하게 뛰어나간 인한은, 병구와 함께 이런 저런 이야기를 나누었다. 그동안 기업을 잘 이끌어 오고 있었지만, 기업의 덩치가 커질수록 점점 힘들어져 갔다는 병구의 솔직한 이야기를 들으면서, 인한은 정말 남의 일 같지가 않다는 생각이 절실히 들었다. 지금은 위로의 말도, 또 다른 어떤 제안도 병구의 귀에 들어가지 않을 것 같았다. 인한은 그동안 자신이 모아둔 돈, 물론 Ping Car에 피해가 가지 않도록 따로 모아 두었던 돈을 병구에게 내밀었다. 병구는 극구 사양했지만, 인한은 자신이 도와줄 수 있는 것은 이것밖에 없다는 생각이 들었다. 다른 무엇보다도 직원들이 더 큰 피해를 입지 않도록 도와주고 싶었고, 그리고 병구가 앞으로 재생하는 데 조금이나마 보탬이 되기를 바랐다.

좀처럼 약한 모습을 보이지 않던 병구가 눈물을 흘리는 모습을 바라보고 있자니, 가슴이 아파 왔다. 인한은 말없이 병구의 어깨를 쓰다듬어 준 다음, 병구가 돌아가는 뒷모습을 지켜봐 주었다. 그리고 마음속으로 파이팅을 외쳤다.

땅거미가 짙게 내려앉을 때쯤, 인한은 다시 사무실로 돌아왔다. 그때 급하게 박 이사가 뛰어 들어와서는 인한을 보고 소리쳤다.

"사장님, 큰일 났습니다. 지금 우리 회사가 부도 위기에 놓였습니다. 중국지사뿐 아니라, 모든 지점의 지점장들이 통합하여 부도를 내고 도망갔다고 합니다!"

"아니, 그게 무슨 소리야, 갑자기!"

인한은 너무 놀란 나머지 책상을 내리치며 소리쳤다. 버핏은 어쩔 줄 몰라 하며 발을 동동 굴렀고, 인한은 자신도 모르게 그 자리에서 쓰러지고 말았다. 구급차 소리가 얼핏 들리는 듯하더니….

눈을 뜨니 소파 위에 잠들어 있는 자신을 발견한 인한.

'어, 이게 어떻게 된 일이지?'

구깃해진 양복 차림의 자신을 발견한다. 책상 곳곳에는 신문과 읽다 만 책들, 그리고 결제 서류들이 놓여 있다.

'아… 다행이다. 꿈이었구나…!'

인한은 눈을 비비며 다시 주위를 두리번거린다. 잠시 후 버핏이 노크를 하고 들어온다.

"사장님, 많이 피곤하셨나 봐요. 오늘은 좀 일찍 들어가서 쉬시죠."

"그런가? 요즘 좀 무리를 했나 봐요. 그리고 한숨 자고 나니까 괜찮네요. 근데…."

"네, 말씀하십시오."

"별일 없는 거죠, 우리 회사?"

"네? 하하하. 별일이야 많지요. 요즘 지방에서도 사업을 해달라는 요구가 폭주하고 있고, 중국뿐 아니라 아시아 곳곳에 진출할 계획들을 세우느라 지금 정신이 없지 않습니까."

"그래요. 휴…."

"왜, 무슨 일이라도 있으신 건가요?"

"아니, 아니에요. 오늘 급한 일 없으면 병구 놈 만나 술이나 한잔해야겠어요. 나머지 일 처리 좀 부탁해요."

"네, 물론입니다. 걱정 말고 나가 보세요."

인한은 아직도 잠이 덜 깬 얼굴로 병구에게 전화를 걸었다. 전화기를 타고 밝은 병구의 목소리가 들려오자 괜히 눈물이 터져 나올 것만 같았다.

"병구야, 너 사업 잘 돼 가고 있지?"

"뜬금없이 무슨 소리야. 당연하지. 어쩐 일이니? 바쁜 네가 먼저 전활 다 하고."

"다행이다, 정말…."

"뭐?"

"아니, 아니야. 오랜만에 우리 술이나 한잔하자."

"그래. 나도 마침 오늘 시간이 비네. 그나저나, 너도 사업 잘 되어 가고 있지? 인터넷이며 신문이며 온통 너네 회사 이야기던데. 내가 다 기분이 좋더라. 자식, 크게 한턱 쏴야지?"

"물론이지. 이렇게 든든한 네가 곁에 있는데 내가 뭘 걱정하겠어."

"자식, 징그럽게. 하하하."

인한은 싱글벙글 웃으면서 병구와의 약속 장소를 향해 사무실을 나섰다.

'꿈이라서 정말 다행이야. 악몽이긴 했지만 한시라도 긴장을 늦추어선 안 되겠구나. 얼마나 많은 사람들이 나와 이 회사를 믿고 자신의 열정과 헌신을 쏟으며 따라오고 있는가. Ping Car는 결코 나만의 기업이 아니라는 걸 항상 명심해야겠어.'

인한은 한낮의 꿈을 통해 가슴 깊이 깨달은 게 많은 듯했다. 간만에 친구를 만나러 나서면서 '정말 최고의 기업을 만들어 보겠다!' 하고 주먹을 불끈 쥐었다.

저자 소개

서울대학교 경영대학 재무금융 전공 교수. 서울대학교 경제학과를 졸업하고 스탠퍼드대학교에서 통계학 석사 학위를, 매사추세츠공과대학교(MIT) 슬론 경영대학원에서 재무학 박사 학위를 받았다. 뉴욕주립대학교 버팔로캠퍼스 경영대학 조교수를 거쳐 2006년부터 서울대학교 경영대학 교수로 재직 중이다. 자산가격 실증연구, 시장 미시구조, 기업재무 등을 주된 연구 분야로 하여 *Journal of Finance*, *Journal of Banking and Finance*, *Journal of Futures Markets* 등 세계 최고 수준의 학술지에 다수의 논문을 게재했으며, 주요 논문으로 주요 논문으로 「Trading volume, information asymmetry, and timing information」, 「How corporate governance affects payout policy under agency problems and external financing constraints」 등이 있다. 재무분야 공동학술대회 최우수논문상, 서울대학교 경영대학원 동창회 최우수강의상을 수상했다. 현재 서울대학교 경영대학 학장으로 재직하며, 현대중공업 등에서 사외이사로 활동하고 있다. 한국재무학회, 한국파생상품학회 회장을 역임하고, 국민연금, 고용노동부, 공무원연금공단 등 다수의 기금운용위원회와 리스크관리위원회의 위원으로 활동하며 국내 자본시장 발전에 기여해 왔다.